高原純一＋SUN KNOWS

ぼくとわたしと
本のこと

センジュ出版

ぼくとわたしと本のこと

目次

共著者について

SUN KNOWS
さんのうず

産業能率大学経営学部高原ゼミを2019年に卒業した、
21人のゼミ生の総称。
「産能」の音の響きと、
本の本質を「知っている」「太陽」のようなゼミ生とを
もじったネーミング。

装　画
田中海帆

装　幀
松田行正＋杉本聖士

まえがき

僕は約40年前大学生だった。

第一志望の京都にある国立大学に落ちて、第二志望の同じく京都にある私立大学へ通っていた。専攻は工学部機械工学。当時はウインドウズもなく、コンピュータ言語と首っ引きで、一からプログラミングしなければならず、朝から晩まで研究室に入り浸っていた。

そこは社会とはつながりの無い世界。工学専攻のまま社会人になり研究職になった日には、一生このまま社会と隔絶した小さな部屋だけが僕の社会になるのではないかと思っていた。僕はここから外の世界へ抜け出そうと思った。

そして大学生だった僕は二つのチャネルを通して外の世界とつながった。

一つはロックを通して。当時の京都はロックカルチャーに溢れていた。バンドをやっていた僕は気がつけば、その中心にいる人たちとつながっていた。ハイカラ万花店のワカさん、どんと、コンフォートのしんちゃん、ラグマ……etc.。あの頃の京都のロックシーンを作っていた人達との日々は小さな研究室とは真逆に位置していた。そして、多くの大切なことを得た。今の自分の目に見える表現のスタイルやコミュニケーションの基盤が、そこでできたように思える。

そしてもう一つの外の世界とのつながりが「本」だ。研究室ではコンピュータすなわち0と1との格闘。1＋1は2でしかなかった。行間の無い世界。正解だけが許される世界。工学専攻なのであたりまえではあるが、その息苦しさは計り知れないものだった。そこからホッとできる世界へ誘《いざな》ってくれたのが「本」だった。

三島由紀夫、川端康成、池波正太郎、藤原新也、中沢新一、村田昭治、……etc.。そこにはひとつだけの正解ではなく、さまざまな解があった。そしてその本との出会いを作ってくれた本屋の存在。昔は印刷の匂いが今より強かった気がする。本屋で印刷の匂いを嗅ぐと、不思議とどこか遠くへ来た気持ちになった。僕にとって本屋は外の遠い世界へのもう一つの入口だった。そして本は外の世界を知る学びの場だった。

小さな研究室から外へ出て、知り合った京都のロックと本屋。そして一冊一冊の本は僕の人生を大きく変えた。卒業後は工学系ではなく、180度違う方向の広告会社に就職。その後独立し、マーケティング会社を設立。現在は大学でマーケティングを教えている。

僕の人生を変えてくれた二つのチャネルのうち、本と本屋に関して、僕のゼミ生21名と共に今回、「本を書くこと」にチャレンジした。彼らは僕のゼミを志望して集まった学生たちだ。僕は現職教授だが、昨年初めて教職に就いた、先生としては全くの素人。こんな僕のゼミを志望してくれた学生たちを僕はとても愛おしく想うし、感謝もしている。だからこそ、彼ら彼女らが先々幸せになれるように今彼らがどうあれば良いのかを必死で考え抜いた。

そして、その中でやはり僕をこうやって導いてくれた「本」の大切さを伝えたいと思った。ただ学習的に伝えるのではなく、生活の一部、人生の一部のようになればなるほど、本はひとりひとりにとって生きてくる。だから、いつまでに何冊！　のような学習型や識者によるセミナーのような知識啓蒙型ではなく、まず書くこと、すなわち表現することを先に目標に置いた。

僕の持論ではあるが、インプットはアウトプットに比例する。だからアウトプットすなわち「書く」を設定し、そのためにインプット「読む」を実践する。その際、レポートや論文は極めて少数の閉鎖された世界へのアウトプット。そこはレスポンスが見て取れる予定調和な世界。正直、つまらない。やはり、開かれた世界へアウトプットしないと意味がない。だから、僕らはみんなで本を書く、すなわち全員で作家デビューすることを目標にした。

とはいえ、題材には悩んだ。人生？　仕事？　就職？　いや違う、やはりそれこそまさに「本」であるべきだ。「本」という題材で、真っ正面から、21人にできる限り素直に、そして全身全霊をかけて「自分ごと」として書いてもらおうと思った。

ゼミナールの語源はラテン語で種《たね》を表す。先々幸せになるためにどこまで素敵な種になれるか。ゼミ生全員がひとつになって、しかも各々の個性を発揮しながら、僕のゼミだと21個の種類の違った種の一粒一粒が先々幸せの花を社会に向かって咲かせる。それがゼミナールの醍醐味であり、あるべき姿だ。

普通だと本は大学教授が書いて、授業のために生徒に売るのが定番だと思うが、それだと、学生は受け身になる。だから、この本はゼミ生21名に僕を加えて22名全員で書くことにこだわった。

彼らはあるときは一人であるときはグループで本屋へ行き、本や本屋の現状を体験し、本を読み、意見を述べ、楽しみながら、苦しみながら、本を書いた。

こうやって、若きゼミ生が書き上げた本を今みなさまが手に取られている。みなさまにとって、何らかの気づきやヒントになれば幸いである。まずは、21人が本と本屋へ向き合った様を楽しんでもらいたい。好きな音楽でもかけながら、楽しんでお読みいただけますように。

私の21年間

吉野優美

4月の1日からマンハッタンの語学学校に留学して、2カ月が経とうとしている。朝6時に起きて学校に行って14時まで授業を受ける。週に3日ネイティブとの英会話にも挑戦。放課後何も予定がない日は家に帰って最寄り駅のジムへ。それから宿題をして復習。土日は私のいちばんの友人である韓国人の女の子、イエイジーと一緒に彼女のお気に入りのチャイニーズタウンで夕食をとったり、そうじゃなかったりって感じ。ちなみに彼女はチャイニーズタウンのことを片言の日本語で「ナワバリ」って呼んでいる。住んでいる家のすぐ近くには、バスケットコートがある。今は趣味となったバスケをしてストレス発散もできるし、時には何もしないでだらだら過ごす日もある。そんな日は一日中ベッドに寝転んで映画を観て、ひたすら睡眠。

そんな、充実しすぎのアメリカ生活。今、私のお気に入りで落ち着ける場所は、住んでいるクイーンズのウッドサイドにあるルシドカフェ。ここは韓国人のスタッフだけが働くカフェで、ホームメイドのスコーンとコーヒーが私のお気に入り。今も、そのカフェでこの原稿を書いている。

今思うことは、もうそんなに経ったの？　という気持ちと、私が日本に帰るまであと6カ月しかアメリカに住めないっていう焦りと。そう思える分、この2カ月間は私にとって充実していたのかなと、少し気持ちが満たされる。こっちでの生活は私にとってすべてが初めてのこと。だからこそ気付けることが多い。1人で生活しているように思っても、実は家族にたくさん支えられているということ。週に1度、家族にかける電話が私には大きな支えになっている。日本にいるときは母と喧嘩ばかりしていたけれど、私のために叱ってくれていたのだと改めて感じた。お金の支援だってそう。私のためにためらいなく大金を出してくれる私の両親には本当に感謝している。その分私も、自分のやりたいことを妥協なくやれる。あー、帰りたくない。けど、産業能率大のみんなには会いたい。

私の通っている語学学校には世界中からさまざまな国籍の人が集まって、英語を学んでいる。英語を使ってコミュニケーションを取るうちに、お互いが母国のことについて語り合ったりするのは素敵なことだと感じるようになった。

NYでは公園、電車、カフェ、どこにいても本を読んでいる人を見かける。なんとなく日本よりも本が身近な存在な気がする。本屋はもちろん、いたるところに図書館がある。私も有名なメトロポリタン図書館に行って勉強をした。でも広すぎて落ち着かない。私にとっては小さすぎず大きすぎないカフェのほうが、落ち着けて好き。

街を歩いていると、ふと本屋を見つけることがある。ハリー・ポッターみたいな雰囲気の本屋、日本とは違う色合いの内装でやわらかい雰囲気の本屋、ものすごく古い本の香りがする本屋、いろんな種類の本屋を見るのが面白くて、本屋を見かけるとつい入ってみたくなる。売っているのは本だけでなく雑貨も多い。ぬいぐるみだってあるし、この前は日本茶碗も見つけた。日本ではしたこともなかった本屋巡りが、こっちではわくわくする。とくに本を買う目的がなくても、本屋を見つけたらふらっと中に入ったり。今日は本屋で全品20パーセントの割引をしていて、つい、グリーンの革のバッグを2つも買ってしまった。こっちに来てから一度も本を買っていないけれど、最近は精神的にも少し余裕が出てきたから、一冊とっておきのものが欲しい。これ！というものがまだ見つからないから、出合えたらいいなと思う。

ここに来るまでには、葛藤があった。バイト先が、海外のお客さんが多く来るレストランだったこともあって、もとから海外に興味はあった。そのうち海外への長期留学を経験したいと強く思うように。当初、長期とは考えていなかったが、その気持ちに変化が起きたきっかけはカナダ留学。期間は3週間くらいだった。期間でいえばすごく短いけれど、私はこの3週間でホームシックにもなったし、人の温かさも感じ、自分の英語力の低さも痛感した。当たり前なことだけれど、世界にはいろんな文化を持った人がいて、いろんな肌の色の人がいて、みんなそれぞれがそれぞれの人生を生きている。海外に行くと、日本という場所がどんなに暮らしやすい場所か実感する。食事も美味しいし、街は綺麗に清掃されているし、カフェで荷物を置いてトイレに行っても、誰も盗んだりしない。これが普通なのは世界中で日本くらいだと思う。

私はカナダで3週間暮らしてみて、1人で違う国で生きていける気持ちの強さも、そのために必要な英語力も、今の自分にはまるでないと感じた。だから、もっと強く自分の意思で行動できる、芯のある女性になりたいと思ったし、違う国に行っても自分の力で生活できる精神力が欲しいと思った。それに、日本人以外の人ともコミュニケーションを取れたら、今より自分に自信が持てて、私自身をもっと好きになれる気がした。

こう考えるようになったのは、私の高校、大学での経験があってこそ。これまで生きてきた21年間の中で、とっても濃い、忘れられない時間だ。

都立芦花《ろか》高等学校時代は、バスケと恋愛。勉学とはかけ離れていたけれど、青春したって言い切れる3年間だった。私が芦花に行きたいと思った理由は2つ。ひとつは、コンクリート打ちっぱなしのモダンな雰囲気を持つ校舎。その見た目が他の高校と比べて断然お洒落で、まるで大学みたいだったから。もうひとつは、パンフレットで見た在校生の顔が、本当に楽しそうだったから。私もここで全力で楽しみたいって思ったし、3年間クラス替えがないという制度にも面白みを感じた。制服も青と淡いピンクのチェックのラインが入っていてとっても可愛かったし、みんな、階段を昇ると下からパンツが見えそうなくらい（いや、見えてたかな）、スカートのウエストを短く折ってはいていた。

高校1年の冬。一目惚れしたバスケットボール部の同級生と付き合うことになった。彼は小学生になる前からバスケをしていて、ゲームに有利な高身長も持っていて、技術もとびぬけて優れていた。2年生になって彼はチームの主将になった。いつも人の気持ちばかり考えていて優しい彼は、主将として部員を叱るべきところで強く言えてなかったのをよく覚えている。私たちは3年間、朝練から夕練まで、バスケットに本気で打ち込んだ。その彼の姿に私は惹かれたのだと思う。

女子バスケットボール部での私のポジションはポイントガード。たまにスランプに陥った時、どんなに練習しても思うようなプレイができず、その状態が続くと意識しすぎて力んでしまう。シュートコースがぶれてしまったり、上手くいかない時期が何度もあった。そんな時は、オフの日に何も考えず、バスケ関連の漫画を読んでいた。スランプの時はあえて違うことに専念した方が上手くいくと思っていたから、ガードの役割でもあるアシストの練習に力を入れたりもした。

彼とはやっぱりバスケの話題が多かった。プレーで上手くいかないことがあれば、それに対してのアドバイスをもらったり、チームメイトにまつわる相談も聞いてもらった。彼がバスケット漫画の『SLAM DUNK』（井上雄彦著　集英社）や『あひるの空』（日向武史著　講談社）を全巻持っていたから、その話で盛り上がったりもした。でも私はどちらかというと小説の方が好き。『走れ！T高バスケット部』（松崎洋著　幻冬舎文庫）という私のお姉ちゃんからすすめられた本を、家で読んでいた。小説は漫画と違ってイメージできる材料がないから自分で想像することができるし、セリフ以外の文章がある。それに自分好みのバスケのプレーをする人、ルックス、髪型、声、すべてを頭の中で創りだすのが小説の面白いところだと思う。

大学に進学したあたりから、彼と上手くいかなくなった。高校では毎日会えていたのに、大学が違うとお互いの時間も合わなくなっていった。結果的に、私は彼と3年弱付き合って別れることに。今考えると、彼と私の共通点は完全にバスケットボールだった。私が小学生からバスケットをしていなかったらきっと好きにならなかっただろうし、本気で人を好きになったのもこの人が初めてだった。オフの日は一緒に練習もしたし、バスケの漫画、バスケ小説の話題、今考えてもバスケットの話題しかでてこないくらい、私たちは一緒にバスケットに没頭していたと思う。

大学でバスケットボールをやるなら本気でやりたいと考えていたから、部活に入りたかった。でも私の通っている大学、産業能率大学の自由が丘キャンパスには部活動はなく、サークルしかなかった。これは私のリサーチ不足。これを機に、私は小学生の頃から続けていたバスケットボールを、チームの一員としてプレイしなくなった。数カ月に一度、高校の部活動に顔を出して後輩や同期と試合をすることはあったけれど、今までの私はほとんどの時間をバスケにあてていたから、大学1年生の頃は毎日がつまらなくて、高校に戻りたいとすら思っていた。

ただ授業を受けて、バイトをして、高校時代の女子バスケ部の気のおけない友人や、3年間一緒に過ごしたクラスメイトに会って、な毎日の繰り返し。大学生って人生の夏休みってよく聞くけれど、たしかに時間を持て余していると当時は思っていた。

その頃から、私は本を自分の意思で買うことが増えていった。といっても、趣味であるお菓子の本や料理本。小学校の頃からバスケ三昧の日々だったけれど、中学時代はお菓子作りが大好きだったので、高校進学も、お菓子の専門学校に行くか迷ったくらい。だから今でもお菓子作りは趣味として続けているし、リアルな写真が載っている本に惹かれて、つい買いたくなる。

中でも私が初めて自分のお金で買ったお菓子本は、パウンドケーキの本。さまざまな種類のレシピと綺麗な写真が載っているだけのもの。これを見ながらパウンドケーキを焼いて、家族にあげたり、大学の友人にあげたりする。家族や友人、自分の大切な人たちが喜んでくれるのが嬉しくて、バレンタイン、ハロウィン、クリスマスと、行事があるごとに今でも気合を入れてお菓子を作る。

そんな私の生活に大きな変化があったのは今のゼミに入って初めての夏。このゼミに入るまで、大学に行くこと自体に楽しさを見いだせていなかった。ただ単位をとるために授業を受けて、授業を一緒に受けるための友達がいて。どこかでこのまま大学生活を終わらせたくないという気持ちがあったので、このゼミ選択は本気で悩んだ。ゼミ紹介で高原純一先生は、食をテーマにマーケティングをして、飲んで、食べるゼミにしたいとプレゼンされた。それを聞いて、料理やお菓子作りが好きな私にはぴったりだと思った。今思えば高原先生という人に惹かれたのだと、断言できる。そして私は念願の高原ゼミの一員になることができた。

このゼミには気の強そうな金髪の女の子やいつも元気で天然っぽい女の子などいろいろな人がいて、良い意味でも悪い意味でも個性が強そうな面々に身構えていた。半年後にみんなと仲良くなれている自信もなかったし、想像もできなかった。みんなと打ち解ける前に、私はあまり学校に行かなくなった。

すると、食事が上手くとれなくなっていった。私は友人から元気でパワフルな人だとよく言われるし、自分でもそうだと思っていた。中学、高校と厳しい部活動の中でやり遂げた自信もあったし、精神力も強いと思っていた。自分は常にそうでなければいけないと思っていたところもあった。でも、大学生になってから上手くいかないことが重なって、自分でも気づかないうちにストレスを溜めていた。少しずつ、大学にもバイトにも行きたくなくなっていった。

食事は、食べる日、食べない日があったりとめちゃくちゃだった。痩せて、その反動で太って、を繰り返した。食べたものを吐いたりもした。それが1日だけではなく、1週間、2週間、1カ月続く。気持ちも平常でいられなかった。自分で自分をコントロールできているようで、できなかった。将来を考えると怖くて、自分が何をしたらいいのかもわからなかった。20年以上生きてきて自分がこんな状態になっていることが受け止められず、毎日苦しかった。大学に行って周りの人に何か言われたらどうしよう。今まで考えたこともなかったことばかり考えていた。

その時期はずっと家にいて、雨戸も開けず、朝か夜かわからない生活を送った。母は私の変化に気づいていたと思う。でも、どうしても母には話せなかった。半日寝て半日携帯でドラマを見たり、小説を読んだりした。とにかく現実逃避がしたかった。リアリティーがなければどんな小説でもよかった。恋愛小説、バスケの小説。でも、バスケの小説を読むと、今まであんなに必死になってバスケをしていたのに、と今の自分と昔の自分をひたすら比べて、辛くなった。

高原先生の研究室には火曜日に顔を出して、他愛もない話をした。その度に私は号泣した。高原先生は、「ゆみなら今の状態をこの先、笑い話にできるよ。大丈夫」と言ってくれた。その言葉が救いだった。先生にすすめられて大学の心理カウンセラーの人と話をしたりもした。その時の私は変なプライドがあって、私がこの人と話をする必要があるのだろうかと、一度話をしただけでその後、その部屋を訪れることはなかった。

同じ高原ゼミの琴音にも話を聞いてもらった。彼女は私のことを本気で心配してくれ、それだけでも気持ちは軽くなった。もともと大学に通うことに楽しさを感じていなかった私は、その時期に大学を辞めたいとも考えた。でもそんな無責任なことはできないと葛藤した。

自分を取り戻せるまで、かなりの時間がかかった。学校には少しずつ行けるようにはなっても、食事のコントロールが本当に難しかった。またあの頃のようになったらどうしようと不安だった。それでも、少しずつそんなことを考えずに済むようになったのは、ゼミのみんな、高校時代の友達、地元の友人、みんながいてくれたからだ。カナダ留学をしたのは、この時期のこと。行くかどうか、かなり迷った。高原先生も心配してくれた。でもその時の私は、小さなことでもいいから何かをやり遂げて、少しでも自信を持ちたかった。
　実際にその経験は私に大きな刺激をくれた。今思い返すと、カナダ留学から帰ってきてからの私は、何も考えず、本当に自分らしく過ごせていたと思う。そこから長期留学のことを真剣に考えるようになって、今こうして自分の意思でニューヨークに来ている。私が留学生活を送ることができているのも、大学生活を本気で楽しめるようになったのも、これまで21年間のすべての経験、私を支えてくれている人たちがいるからこそだ。改めて、親身になって心配してくれる友人のありがたさ、寄り添ってくれる人たちの温かさに気付くことができた。

　それに、言葉のひとつひとつがどんな影響を持つかということを考えるようにもなった。私が読んでいた小説は、誰がどんな経験をして、そこにどんな思いがあって書かれたものなのか。今まで読んだ本の中でどれが自分に影響を与えたか、と聞かれても、まだ、「これ!」という本はない。今まで自分が本を好きだと思ったことも嫌いだと思ったこともなかった。でも、こうして振り返ってみると、思っていたよりも本と関わっていた。意識はしていないけれど、その時の私が必要だと感じていたことを、本、小説、漫画、料理本などから得ていたのかもしれない。

苦しんだ経験があったからこそ、誰しもが持っている人間の弱さを理解できたし、それを知ることができた。まだまだ弱いけれど、前の私より強くなれたと思う。どんなに強い精神を持っていても、1人ではどうすることもできない時もある。そんな時のために、家族、友人がいる。辛い時は頼る勇気も大事だ。

もしこれを読んでくれているあなたが辛いことがあるなら、あなたの信頼できる人に話してほしい。きっと少しだけ気持ちが晴れるはずだし、話しながら号泣したっていい。その分すっきりできるから。そして、もっと自分を大切にしてあげてほしい。時間が経ってその出来事が、自分にとって必要なことだったと思えるはずだから。

わたしの本

『愛しき君へ』

ヒカリ 著（双葉社）

チャットの世界を描いている恋愛小説で、顔も知らない者同士が会話を繰り広げていく物語。

SNS上でしか言えないような本音を「話す」うちに、画面の中の言葉たちに一喜一憂し、悩み、片思いし、大切さに気付く。でも会話の相手の彼は、ある秘密を抱えていて、ラストはどこか切ない物語。

私はこの本を読む度に、ストーリーがわかっているのに泣いている。大切な人たちを私は本当に大切にできているだろうか、と考えてしまうからだ。今はSNSで連絡を取るのも、情報共有するのも当たり前になっているけれど、この本を読んで私は大切な人の誕生日や節目の日に、手紙を書くようになった。

わたしの本

『型はひとつ！大好きな焼き菓子』

大森いく子 著（学研パブリッシング）

表紙は断面が綺麗な6種類のパウンドケーキの写真。94種類のパウンドケーキのレシピが載っているだけの、シンプルでスタイリッシュなこのレシピ本が、とても好きだ。一番のお気に入りは、キャロットケーキ。初めて作った時はレシピ通りにきっちり作ったが、今ではベースを大事にしながら、毎回少しずつ変化させたスパイスを数多く加えている。美味しいし毎回違うものができるから、楽しくて仕方ない。このレシピ本を買ったのは中学生の頃。大学生の今ではそれなりの数のお菓子本が集まり、最近ではインテリアとして本棚に置いても可愛く見えるフランスのレシピ本なんかも集めている。言葉はわからないけれど見ているだけで楽しいので、お菓子のレシピだけでなく海外の家庭料理本も集めたい。

本が必要なとき

小林梨奈

2015年春、私は母と2人で高速バスに乗り、新宿へ向かった。私の引っ越しのために。父と弟と叔父は車に荷物を積んで後から来る。私と母はその前に部屋を掃除をするため、一足先に出発した。

私は大学進学を機に長野を出て、一人暮らしを始めることになった。地元には選ぶほど大学が無かったし、高校生の頃の私は早く実家を出たくて、県外の大学に行くことしか考えていなかった。大学受験の末、自由が丘にある産業能率大学に入学することが決まり、神奈川県でアパートを借りて一人暮らしすることになった。

新宿からは電車でアパートに向かう。新宿は、大学入試などで何度か来たことがあるが苦手だ。ごみが散らかっているし、駅はモグラの巣みたいに入り組んでいて気持ち悪い。憧れていた都会とはちょっと違う。

私が暮らすことになったアパートは1K6畳の狭い部屋で、大学からはまあまあ離れている。よく友達に「一人暮らしなのにどうして近くに住まないの？」と聞かれる。

私は第一志望の大学受験に失敗し、第二志望だった今の大学に入ることになった。今ではこの大学で良かったと思うけれど、当時の私は第一志望の大学があきらめきれず、2月の末くらいまで受験を続けていた。だから部屋探しが遅くなったし、電車の乗り換えとか田舎者の私は無知で、学校の近くでいい部屋を見つけられなかったのだ。でも内見のとき、一人暮らしにあこがれていた当時の私にはこの部屋がキラキラして見えた。引っ越しまでの1か月くらい、家具を探したり配置を考えたりするのがとても楽しかった。

アパートに着いてすぐ、私と母は部屋の掃除を始めた。掃除機はまだ届いていないから、2人で雑巾がけをした。しばらくすると父たちも到着した。みんなで荷物を部屋に運び入れ、お昼は近所のラーメン屋さんに行った。出された水がびっくりするくらいまずかった。その後ホームセンターに必要なものを買いに行って、おやつを食べて、夕方になるとみんなは帰ってしまった。この部屋で1人になるのは初めてで、少し寂しかったけれど期待の方が大きかった。引っ越しといっても家から持ってきた荷物だけで、家具も家電も届いていないから6畳が広く感じる。ベッドもまだなくて、1週間くらい床にシーツを敷いて寝ていた。それでも楽しかった。

引っ越してから数日後、大学の入学式があった。入学式には母が来てくれることになった。こっちに来てからずっと一人だったから少し嬉しかった。渋谷で待ち合わせをして、向かうは入学式。入学式の後は、ゆっくりアパートに帰って、届いたベッドを母と一緒に組み立てて、一緒にご飯を食べて、それから母が長野に帰る、そんな予定だった。

ところが、入学式の後、突然新入生歓迎会が始まった。歓迎会なんて知らなかったから予定が押してしまった。渋谷から急いで帰って、母と一緒に食べるためにお弁当を買って、ベッドを組み立てた。ベッドの組み立てに時間がかかり、母と一緒にご飯を食べる時間はすっかりなくなってしまって、結局アパートの最寄り駅まで2人で走って、ドタバタとお別れをした。家に帰って一緒に食べられなかったお弁当を見たとき、初めて寂しく、悲しくなった。せめて新宿まで送ればよかった。

その後、自分が働いたお金で生活をしようと、近所のお寿司屋さんでアルバイトを始めた。面接のときに大将に気に入ってもらったようで即採用されたが、このバイトはとても理不尽だった。アルバイト経験が無い私が何も知らないのも悪かったが、必要以上に厳しく当たられた。今でもお寿司屋さんのにおいがすると思い出す。やめたくてやめたくて、でもやめたら私は何も続けられない人間だと認めることになりそうで、この先何をやってもすぐやめてしまうことになってしまうのではないかと心配になって、なかなかやめるという一歩が踏み出せなかった。

必死に我慢しながら働いて、ゴールデンウィークが過ぎてから実家に帰った。初めての帰省だった。長野の実家は涼しくて、広くて、アパートとは全然違った。1か月と少しぶりだったけれど、すぐに馴染んで、神奈川での暮らしなんて忘れてしまいそうだった。長野で過ごす時間と神奈川での暮らしは別世界すぎて、まるでパラレルワールドのようだった。神奈川に帰ったらまたあのアルバイトが待っていると思うと、帰りたくなかった。

両親にはアルバイトの愚痴は言っても、やめたいとは相談できなかった。自分で一人暮らしをしたいと家を出たのに、弱音なんて吐けなかった。

帰り際、祖母に「無理しないでね」と言われた。私の家はここなのに、どうして神奈川にもどらなきゃいけないんだろう。高速バスはパラレルワールドを行き来する乗り物のように思えた。窓から見える真っ暗な高速道路が余計寂しくて、アパートに向かっていることが嫌で、バスの中で、1人で泣いた。

大切に育てた娘・孫が辛い思いをしていると知ったら、両親や祖父母は悲しむだろう。久しぶりに家族に会ってそう思えたら、寿司屋のバイトをやめようと思えた。離れて暮らして初めて感じた、家族の温かさだった。実家にいた頃は毎日一緒にいることが当たり前で気付いていなかったけれど、私はずっと大事にされていたのだ。

大学進学は、こうへいとの遠距離恋愛の始まりでもあった。私は神奈川で、こうへいは富山。簡単に会える距離じゃなくなった。高校生の頃は、大学に入って遠距離になっても月に2回会おうなんて言っていたけど、実際それは難しくて、2か月に1回ペースでしか会えなくなった。高校生の頃はほぼ毎日会えたのに。毎日電話はできるけど、寂しい。

こうへいとは中学の同級生で、メールをし始めたことがきっかけで付き合うようになった。違う高校に進学したけれど、高校の最寄り駅が同じだったことでほぼ毎日会えたし、あんなにいつも一緒にいられたことは、今思うととても大切な時間だった。

遠距離になってから、こうへいに会うときは、金曜日の夜行バスに乗って土曜の早朝に富山に着いて、日曜日の夜行バスに乗って帰っていた。一緒にいる時間はすごく楽しいけど、その分、帰る時間が近づくととても辛い。アパートに戻ってひとりぼっちになってしまった時は、大好きなバンド、クリープハイプの「愛の標識」という歌が頭の中でひたすら流れる。

でも、遠距離恋愛はこうへいの大切さに気付くきっかけでもあった。私を心配してくれて、話を聞いてくれて支えてくれる人。休みの日は一日中部屋に引きこもるくらいインドアな私を、旅行に連れていったり遠くに連れ出したりしてくれてすごく楽しい。次に会う約束が、学校やアルバイトを頑張る原動力になる。彼氏であって、親友でもある。こうへいは私にとって、とても大切な存在。

寿司屋のアルバイトをやめ、その後派遣のアルバイトを経て、子ども写真館のアルバイトを始めた。新しい仕事を覚えようとする度に、壁にぶつかってやめたいと思ったりもしたけど、周りのスタッフさんが優しくフォローしてくれたおかげでそんな壁も乗り越えられ、充実感が嬉しくて天職かなと思えるほど楽しい。そしてこの仕事は、親の大切さを教えてくれる。毎日、マタニティのお客様から、新生児、幼稚園児や小学生、成人式や大学卒業を迎えた方など、私と年齢の近いお客様まで来る。両親は、私が生まれたときどう思ったんだろう。私もこんな風にかわいかったのだろうか。成長って嬉しいことだし寂しいことなんだなと感じながら、育ててくれたことに親への感謝の気持ちがわいてくる。子どもを育てるって、とても大変なことだろうに、私を何不自由なく育ててくれた。それなのに私は逃げるように実家を出てきて、親不孝だと思った。せめて迷惑をかけないように自立しなきゃ。私は2年生から、仕送りをもらわないことにした。

大学生になったら自分の力で生きていこうと高校生のときからなんとなく考えていた。アルバイト代で生活をして、貯金もして学費を親に返そうと。でもそんなに甘くなかった。

家賃と携帯代は親に払ってもらっていたけれど、そのほかの生活費は自分で何とかしようと考えていたのに、だんだん苦しくなった。お金がかかるイベントが重なって、大学も忙しくなって、アルバイトに行ける回数も減った。毎月カードの支払い後は貯金残高が数百円で、通帳を見るのも辛かった。お金が無いことはとても不安で、毎日イライラして、いろいろなことに心の中で八つ当たりをして、毎日悲しくなっていた。何かに集中しているとき以外はいつもお金のことばかり考えてしまっていた。いつになったら楽になるのか、考えても見当もつかなくて、ずっと暗いところにいる気分だった。自然とため息も増えた。

アルバイトを掛け持ちしようかとも思ったけど、学校とバイト2つと家事なんて私には無理だった。私を成長させてくれる子ども写真館のアルバイトを減らしてまで掛け持ちはしたくなかった。親に仕送りをお願いすれば済むことなのに、プライドが邪魔をしてなかなか素直になれない。大学生になったら親に頼らずアルバイトで稼いだお金で生活しようと決めたのに、それを曲げるのがすごく嫌だった。母は「お金大丈夫？ 大変だったらいつでも送金するからね」と言ってくれていたし、こうへいや友達も心配してくれ、「借りてもいいと思うよ。梨奈はなんでも1人で解決しようとしがち。もっと頼っていいんだよ」と言ってくれていた。すごく嬉しかった。それなのに、私はなかなか一歩を踏み出せずにいた。

どうしてわざわざ実家から離れた大学を選んだのだろう。親に迷惑かけるくらいならもっと違う道を選べばよかったんじゃないか。そこまで考えが及ばなかった高校生のときの自分を恨んだりするくらい、私にとって人を頼るということは、かけたくない迷惑をかけることだと思っていた。

この頃、おすすめの本を紹介するという課題のため、『青い鳥』（重松清著　新潮文庫）という本を読み直していた。中学生の頃に読んで心に響いた本。私はこの本に出てくる「村内先生」に救われた。村内先生は中学の非常勤講師で、困っている生徒のもとに現れる。村内先生は多くは語らないけれど、困っている生徒の心にそっと寄り添ってくれる。そんな村内先生のおかげで生徒は大切なことに気付く。私も中学生の頃、部活が上手くいかなくて、それを誰にも相談できなくて一番孤独を感じていたときに、この本を読んで村内先生に救われた。

この本は村内先生がさまざまな学校に行き、一人ひとり生徒を救っていく短編集だが、私は最後の「カッコウの卵」という話が好きだ。家庭を知らずに育った生徒が、大人になって村内先生に再会する。カッコウの卵の主人公「てっちゃん」は、親に虐待を受け、小学校2年生から中学校に入学するまで施設に預けられていた。中学校に入学する頃、虐待をしていた父親が再婚相手と一緒に迎えに来て再び一緒に暮らすことになるが、またも虐待を受け、てっちゃんは家庭の温かさを知らずに育つ。彼は、両親に愛されていないことを認めてしまうとひとりぼっちになってしまうと思っていた。ひとりぼっちにならないために虐待を受けてないふりをしていたし、嘘をつき通していた。てっちゃんは親には「おまえ」と呼ばれていたし、同級生には怖がられていて松本君と呼ばれていた。でも、村内先生だけが「てっちゃん」と呼んでいた。「下の名前で呼んでもらえるってことは、ひとりぼっちじゃないってことだから。誰かがそばにいるってことだから」と。

中学生の頃、私のそばにも村内先生が来てくれて、静かに大事なことを教えてくれた気がした。村内先生みたいに静かで優しい人になりたいと思った。約6年経ってこの本を久しぶりに読んだ私は、私の周りには私を下の名前で呼んでくれる人がたくさんいるし、ひとりじゃないと思うことができた。お金の悩みを誰にも頼らずひとりで解決しようとしていた私。でも私はひとりぼっちじゃない。家族も友人も、常に私を気にかけてくれるこうへいもいる。もっと周りに頼ってみてもいいのかなと思った。

3年生の夏、思い切ってお母さんに「1万円送って欲しい」とお願いした。お母さんは翌日何も言わずに3万円送ってくれた。就職したら少しずつ返そう。私は肩の荷を、少し下ろすことができた。

悩みが減った分、学校も楽しめるようになった。今のゼミはすごく楽しい。プロジェクトが多くてとても忙しいけど、一つひとつが充実している。この本を書けることも幸せだ。何よりメンバーが最高。全員に尊敬できるところがあって、気付かされることがあって、自分の成長につながる。私は自分に自信がないから友達付き合いも上手くできない。でもこんな私をみんな気にかけてくれる。すごくいい人たちに出会ったなと思う。ここは子ども写真館同様、私の居場所。やっぱり長野を出て上京したことには意味があったと、今は思える。正しい選択だったと感じられることが、素直に嬉しい。

村内先生には2回も救われた。これからも何かヒントをくれるかもしれない。読むたびにいろいろなことを教えてくれる村内先生は、とても不思議な存在だ。本の中の登場人物なのに私のそばにも来てくれる。これからも、何か困ったときや寂しくなったときはこの本を開きたい。

本は自分じゃない人の人生を体験できる。自分との違いから、気付けることがたくさんある。でも私は本をあまり読まない。本を読むのは嫌いじゃないし、むしろ好き。好きな作家さんも何人かいる。だけど読まないのは、私にとって必要なタイミングじゃないからかもしれない。『青い鳥』を読み直したのも自分からではなくて、課題のためだったから。でも読んだことによって、また前向きになれた。そのときが、私にとって本を読むことが必要なタイミングだったのかもしれない。
　本を無理に読む必要はないと思うけれど、きっと読むべきときがあるとも思う。困ったとき、どん底に陥ったとき、誰に頼っていいのかわからなくなったとき、本に出てくる登場人物は本の中の世界で生きながらも自分に寄り添ってくれる。それは、辛いときの私にとって、とても嬉しくて救われることだった。誰にも頼れなかったら、本を読めばいい。辛いとき、きっと本が私を救ってくれると思う。

　最後に、本をあまり読まない私が語るのはおそれおおいけれど、好きな作家さんが二人いるので紹介したい。私の好きな作家さんは、湊かなえさんと尾崎世界観さんだ。この二人の作品はつい買ってしまう。私が本を選ぶ基準は、タイトルや話題性より、作家さんかもしれない。おすすめという言葉で誰かに押し付けたくはないけれど、1人でも興味を持ってくれたら嬉しい。みんなで頑張って書いたこの本も、辛いときや嬉しいときなんかに読みたくなる本になるといいな。

わたしの本

『贖罪』

湊かなえ 著（双葉文庫）

田舎町で殺害された小学生が、殺される直前まで一緒に遊んでいたのは、4人の女の子たち。この女の子たちそれぞれが大人になった今、一人ひとりの独白で物語が進められる。この本を読むと自分が小学生だった頃のことを思い出す。子どもはみんながみんな素直というわけではなく、幼いながらにいろいろなことを考え行動している。その行動が正しかったか間違っていたかは、大人になるにつれて徐々にわかったりわからなかったりだけれど。

私にとって湊かなえさんの作品を読む時間は、どの本であっても、自分自身を見つめなおす時間になっている。

わたしの本

『祐介』

尾崎世界観 著（文藝春秋）

クリープハイプは、もう何年も私の中で一番好きなバンド。そのボーカルの尾崎世界観さんの言葉は、嬉しいとき、楽しいとき、悲しいとき、寂しいとき、切ないとき、イライラしているとき、ムカつくことがあったとき。すべて私の心を代弁してくれる。尾崎さん本人が尾崎祐介から尾崎世界観になるまでの半自伝的な小説で、本に書かれていることは衝撃的なことも多く、どこまでがノンフィクションで、どこからがフィクションかはわからないけれど、尾崎さんの言葉は心地良い。情景や登場人物たちの動きが自然と入ってくる。クリープハイプの曲も同じだ。この本を読んで、言葉っておもしろいなと思った。

自分を受け入れる

大儀見紗和

本を読んでいる人のイメージは、頭が良くてかっこ良くて大人。私もそんなかっこいい人に見られたい。そんな子供の見栄が、本を読むようになったきっかけでした。自分がどう思われているか、いつも考えてしまう癖がある私。友達が多くて、夢があって、おしゃれでかっこいい大人で、多くの人に慕われている人。そんな人になりたいと思ってかっこつけるけど、その憧れと程遠い平凡な自分にがっかりして、ひどく落ち込むこともよくあります。

そう考えるきっかけになったのは、恐らく小学校高学年の時。私のクラスには、わかりやすいスクールカーストがありました。いじめと同じくらいきついものがあった気がします。クラスにはトップとされるような子たちがいて、なぜかいつもその子たちに気に入られていなくてはいけない。今考えると上も下もあったものかと思いますが、当時の私たちにとってはクラスという狭い空間が社会の、生活の、ほとんどを占めていたので、それはもう必死でした。今でも幼馴染と会って話すと、「本当に物騒な学校だった」なんて話しています。

もともと私は比較的おとなしい子供で、「静かだね」と周りの大人によく言われていた記憶があります。そんな私が、カーストがあるクラスで小学校5、6年生を過ごしたことで、周りから自分がどう見られているのか、自分が集団の中でどういう立ち位置にいるのかを、意識しすぎるようになりました。


高校・大学の入試の時、アルバイトの面接の時、就活の時、今までいろいろな場面で自分の趣味について頭を悩ませてきました。私が特に趣味と言えるものは、とあるアイドルグループのファンだということくらいです。飽き性な私が唯一、10年くらい。でも、履歴書の趣味欄に書いたことは一度もありません。履歴書などに趣味を書かなくてはいけない時、最初に頭に浮かぶのはいつも読書でした。月に何冊も本を読むわけではないけれど、本を読むのは好きだからです。

初めて本に触れたのは恐らく幼稚園児の時。先生がみんなに絵本を見せながら読み聞かせをしてくれるのが楽しみで、大好きでした。絵本の読み聞かせを聞きたいがために幼稚園に行っていたくらいだったと思います。

まだ家に残してある、祖母に買ってもらった絵本は、『14ひきのシリーズ』（いわむらかずお著　童心社）の一冊で、とにかく絵がかわいい。実は、先日この絵本を偶然見つけるまで、家に残してあることすら覚えていませんでした。たまたま収納スペースの中を整理していたら、奥底から見つかった一冊。見つけた瞬間、当時と同じくらいにときめいて、ひとりで「懐かしい」とつぶやいていました。

読まなくなったものを親戚にあげるために、家にあった絵本を仕分けした時以来、つまり、小学校の高学年から大学3年の今に至るまで、一度も開かなかったこの絵本。実際、生活の中でこの本がなくて困ることもなかったし、思い出すこともありませんでした。でも、どうしてもこの本は手放せない。母や幼稚園の先生に絵本を読んでもらっていたことや、祖母に絵本を買ってもらったことなど、今ではなかなか思い出すことのない記憶を、絵本を見つけたことで思い出せたからだと思います。

小学生になってからは、週2日のそろばん塾と週2日の書道教室、習い事がない日は友達と外に遊びに出かけ、土日には姉のバスケットボールの試合を観に行くことが多くて、本と触れ合うようなきっかけがなかったのか、低学年の頃、あまり本を読んだ記憶がありません。

4、5年生になった頃、近所の本屋さんが遊び場のようになっていました。今はもうなくなってしまった本屋さんです。友達とそこによく行くようになったのは、当時一緒にはまった『レインボーマジック』（デイジー・メドウズ著　ゴマブックス）という本があったからです。きっかけはその友達がこの本の絵がとても可愛くて面白いと教えてくれたことでした。当時は知らなかったけれど、調べてみるとイギリスで大ヒットした作品の翻訳版であることがわかりました。その時は今まで見てきたものと雰囲気が異なる絵柄と、キラキラしたお話が新鮮で楽しかったのだと思います。シリーズものので発売日になると母にお小遣いをもらって、いつも友達と買いに本屋さんに行っていました。お店が閉店してしまったのは、いまだに悔やまれます。

小説を初めて面白いと思ったのは中学生の時です。それまでは、好きでも嫌いでもなく、小学生の時の読書感想文は、小説を読むのが面倒で、本の裏表紙のあらすじだけを読んで書いたこともありました（経験ある人いっぱいいるのでは）。でも中学生になると、冒頭に書いたように、本を読んでいる人がかっこいいと思うようになったのです。

きっかけは、中学1年生の頃、当時高校2年生だった4つ上の姉が父と、ある本が面白かったという話をしていたこと。何の気なしに「私も読んでみようかな」と言うと、父と姉に「お前にはまだ難しい」と言われました。小さい頃から子供扱いされることが大嫌いだった私は、すごくムッとしたのと同時に、本を読めるということは大人なのかと思うようになりました。なので、当初は本を持って読んで「面白い」と言う自分を演出したかっただけで、そんな自分は周りから見てもかっこいいのだと考えていたと思います。

父は本好きで、家の中もたくさんの本がありました。やっと本に対して興味が出てきた頃、まず父に、何か面白い本がないか聞いたのを覚えています。父は、本棚から何冊か持ってきてくれました。最初に読んだのは瀬尾まいこの『天国はまだ遠く』（新潮文庫）か、重松清の『きみの友だち』（新潮文庫）だったと思います。実際読んでみると、思っていた以上に面白いと感じたことに、驚きました。

中学2年生の頃の国語の先生が、毎回授業の前に少しだけ『しろばんば』（井上靖著　新潮文庫）の朗読をしてくれました。その本はとても分厚くて、中学生にしては少し難しいような内容だったと思います。その時の周りの友達は「面白くない」と言っていましたが、みんな本当に面白くないと思っていたのではなく、とにかく文句を言いたいだけだったのではないかと思っています。というのも、私はそのお話を聞くのがとても面白くて、少しだけ進むストーリーの続きが気になり、国語の授業がいつも楽しみだったから。それに、つまらないと言う割に、朗読の時間はみんな、他の作業をしたり寝たりしないで、いつも先生の方を見ていました。本の内容がすごく面白いと思っていたわけではなかったけれど、私たちにとってはいい気分転換だったし、少しずつお話が進んで続きが気になる感じが、何だか楽しかったのです。

その先生は本を最後まで読み終わることなく、私たちが3年生に上がる時に離任することが決まり、もう本の続きを読んでもらえないのかと寂しくなりました。中学高校と、私は現代文の授業が大好きでした。それはこの先生の本の朗読が、国語の授業は楽しいと思わせてくれたからかもしれません。

高校生になってからは、コンスタントに本を読むようになりました。毎日何冊も読むようなことではなかったけれど、定期的に猛烈に本が読みたい衝動にかられて読むというような感じです。この頃にはもう、本を読むことは私の中でポーズではなくなっていたと思います。当時は特に伊坂幸太郎さんの作品にハマっていました。『陽気なギャング』シリーズ（祥伝社文庫）や、『オー！　ファーザー』（新潮文庫）などたくさん読んでいました。この頃に自分が伏線回収系の小説が好きなんだということがわかるようになっていました。

時間を忘れて夜中まで読み続けたり、朝から一度も外に出ずに一日で一気に読んでしまったりということがこの頃は何度もありました。自分は本が好きだとなんとなく自覚するようになったのです。

本を読む時、本から何かを学ぼうとか、自分のためになるからとかは考えていません。どちらかというと自分のことは一切考えずに、完全に小説の中の登場人物になっていて、現実逃避をしています。世の中には人の数だけ人生があるけれど、自分はその中でたった一つの人生しか経験はできません。でも、本を読むと登場人物の人生をもう一つ送れたような気がします。なので、読書は傍《はた》から見るとインドアで孤独に見えるかもしれないけれど、実際はいろんな人生を送って、本の中のいろんな人と出会って、いろんなところに行って絆を作って、自分自身の人生も豊かにしている、私にとってかなりアクティブな行為です。

本を読むようになるうちに、今までの「友達が多くて、夢があって、おしゃれでかっこいい大人で、多くの人に慕われている人」にあこがれる自分と、「周りの目は気にせずに信頼できる友達だけいればいいと思っていて、自分のやりたいことをやって、人と違うことも怖がらない人」でいたいと思う自分とが混在するようになりました。理想に近づこうとする自分と、本当の自分を大切にしていたい自分が戦っていたこともありました。

今でも私はこの二人の自分の間で揺れています。でも、どこか、それでもいいと思えるようになったのは、前者の自分がいなければ本を読み始めるきっかけにはならなかったかもしれないし、後者の自分がいなければ本を読み続けてはいなかったかもしれないと思うからです。

そうやって本を読み続けていくと、本の価値は読む人それぞれに異なるということも知りました。以前はいざ本を買うとなると、面白いと確証のある物にお金を使いたいと思って、本を買う前にその本のことを調べて口コミを確認していましたが、実際に自分がその本を読んでみると、口コミと自分の気持ちにずれがあることを何度か経験しました。他の人にとって評価の高い本でも自分はあまり気に入らなかったり、逆に自分が面白いと思った本の評価が高くなかったり。そのことに気づいてから、好きな本は実際に自分自身で読んでみないとわからないと思うように。でも、どうやってそうした本を探せばいいのか、どうやったらそんな本と出合えるのかは、今の私にはまだよくわかりません。

それぞれの人がいいと思うものが違うのなら、私は自分と違う価値観について、否定せずに、もっと知っていきたい。そして人に影響されて自分の価値観を曲げるのではなくて、自分にない価値観を知って、それぞれの価値観を理解できるようになりたい。一冊一冊の本が持つ、さまざまな価値観を知ることができたおかげで、自分で自分を否定せず受け入れようと思えたことは、私にとって幸せなことでした。

わたしの本

『アイネクライネナハトムジーク』

伊坂幸太郎 著
（幻冬舎文庫）

この本を買おうと思ったきっかけは、斉藤和義さんのCDをレンタルしたことです。その中にあった、「ベリーベリーストロング～アイネクライネ～」という曲が、作家伊坂幸太郎さんとのコラボで作られた曲ということを知って驚きました。その時すでに伊坂さんの小説は何作か読んだことがあったので、この曲の元となる小説があるなら読んでみたいと思ったのです。

短編集となっているこの本の冒頭、「アイネクライネ」が、コラボした小説で、斉藤さんの曲のベースとなったお話です。どの話もとても日常的なのだけれど、ドラマチックな出会いと絆が書かれていて、日常のなんてことない人との出会いってやっぱり素敵なものだなと感じることができました。

自分自身の生活をドラマチックだと思ったことはなかったけど、この本を読んで、何気ない日常もどこかの知らない誰かに繋がっているのかもと楽しくなりました。そもそも、小説と音楽のコラボっていうのが個人的にツボ。小説を読むことで、曲を聴くと、その情景のイメージがより膨らみます。

この小説を読んだ後にこのお二人の対談本を読みましたが、斉藤さんが伊坂さんにコラボの話を持ち掛けたこと、伊坂さんがサラリーマン時代に斉藤さんの曲を聴いて、サラリーマンをやめて小説家になる決意をしたことを知りました。この本のテーマの通り、まさにお二人がこのコラボをしたことも「絆」の話なのだと、感動しました。

わたしの本

『錦繍』 宮本輝 著 （新潮文庫）

この本は父に勧められて読んだ本です。別れた元夫婦の手紙のやり取りだけでストーリーが展開していく小説、こういう物語は本でしか表現できないなと、読みながらワクワクしました。

内容も面白かったのですが、個人的に手紙の書き方に面白さを感じました。この小説の舞台は、今よりも少し前の時代。最近は特に、スマートフォンなどのメール、メッセージ機能、SNSなどがあることで、手紙のやり取りをすることがあまりないと思います。私自身、人に手紙を書くことなんてほぼないです。でも、この本の中の元夫婦の手紙のやり取りは、私にとって普段使わないような言い回しばかり。当時美しい日本語に興味があった私にとって、とても素敵に見えたし、なんだか新鮮に感じました。

それに、元夫婦というある意味距離の近い間柄なのにこんなにもきれいな言葉で、正式な形式の手紙のやり取りで、その中には、手紙だからこそ話せるようなお互いの本音が書いてあって……。ハッピーエンドでもバッドエンドでもなく、それぞれの未来の幸せがほんの少し見えるような終わり方で、とても印象深いお話でした。

今では手紙のやり取りなんてなかなかないけれど、気軽にできないからこそ、一通一通の内容の重要性とその深さに美しさを感じました。10年後、20年後、年齢を重ねてから読むと、また見え方が変わるのかもしれません。時間を空けてまた読みたいと思える本です。

リーダーシップを教えてくれた本

木村航稀

本と出会ったのは5歳の頃だと思う。母が毎晩寝る前に読み聞かせてくれる白雪姫。英語の本だったが、内容を覚えて一人で読めるくらいに大好きだった。小学校低学年には吉川英治の『三国志』、高学年になってからは背伸びしてウィリアム・シェイクスピアの『ハムレット』や『テンペスト』を読んだりもした。誕生日などの特別な日以外ゲームを買ってもらうことはできなかったが、本だけは常に与えてもらっていたと思う。そのおかげか小学校のテストで常に国語だけは良い点を取ることができていた。母は、「こうは、本をたくさん読んできたから国語が得意なんだね、すごいね」といつも褒めてくれ、それが嬉しくて本を読むことにますます熱中していった。本が好きだった母の影響で、小さい頃からずっと本は身近なものだった。

その後の中学生時代。俺は学年代表として文化祭で、全校生徒とその保護者の前で弁論の発表をした。内容は自分の父が夢を叶えた話だった。父は10代の頃から飲食店を経営するという夢を持ち、その実現のために高い給料がもらえる運送業の仕事で毎日働き続けた。30代に入る頃には子供も2人いて、太るためのプロテインを摂取する必要がある程に身を削っていた。そうした努力が実を結び、36歳でJR南武線の溝口駅に飲食店を構えることになる（ちなみに現在では4店舗を経営している）。家庭があり、運送業では部長だった。その立場を捨てることは、今でもまだ俺には分からないが、相当な覚悟が必要だったのだと思う。お店の名前は「VaVa Resort」（ババリゾート）。10代の頃、友人と一緒に高田馬場にお店を立て、名前は「馬場bar」（ババババー）にしようと冗談交じりに言っていたことに由来している。父の夢は20年越しで叶ったのだ。本当にすごいことだと思う。

起業するということ、お店を立てるということはそう簡単ではない。資金面含めあらゆる面で多くの人たちが父をサポートしたからこそ実現したのだ。父の思いに惹かれた人たちが、父の力となり、後押しした。それは父の「リーダーシップ」のなせるわざだ。俺はこの、父が夢を叶える過程や、その先で発揮していたリーダーシップに憧れた。お客さんだけでなく、アルバイト含めた従業員を楽しませていた父。そんな父を中心に回るお店を見て、自分には真似できないという想いと、だけど自分もそうなってみたいという想いが湧き上がった。俺はもともと人見知りの上に短気。人と関わることが嫌で、学校に通わない時期もあった。そんな、リーダーとしての器を備えていなかった俺にとって、その憧れを初めて多くの人に伝えたのが、先に書いた弁論の発表だ。いや、自分の考えを言葉にして、たくさんの人に伝えようとしたこと自体が、初めてだったと思う。最後の一文は「人生を自分自身で切り開けるように」。自信のない自分を変えたい。父親のようにリーダーシップのある人間になりたい。そういった想いを言葉に託し、少し照れ臭い気持ちを隠して発表を終えた。

この、自分にとって大切な弁論発表で自分の想いを素直に言葉にすることができたのは、間違いなく、それまで本を読み、文字に触れていたからだ。

この頃読んでいた本で記憶に残っているのは、『カラフル』（森絵都著　理論社）という本だ。死んでしまった主人公の魂が、自殺したとある中学生の少年の体に宿る所から物語は始まる。第二の人生の中で主人公が様々な人の気持ちに触れ、それまでの考え方を見つめなおしていく。世界は思っているよりもずっとカラフルで、ものの見方を変えれば人生の景色も変わってくる。そういったことを教えてくれた。そんな作品に勇気づけられたことも、今思えば第一歩を踏み出すことのできた理由の一つかもしれない。

弁論代表に選ばれたときの感動は今も忘れない。時には学校に行かず、一人で殻にこもって本を読みふけっていた時間も無駄じゃない。自分にもっと自信を持っていいのだと思えた。そういった意味で、今の俺があるのは本のおかげと言っても大袈裟ではないかもしれない。

だが、高校時代は辛い思い出も多かった。所属していたサッカー部でこそ、少しずつ楽しさを味わうことができたが、それ以外での自分はというと、担任の先生を口論して泣かせてしまったり、体育祭の騎馬戦をきっかけに軽い暴力沙汰に関わってしまったり。自宅謹慎のほか、両親が学校に呼び出されてしまったこともある。何度か指導対象にもなり、学年の先生10人くらいに円形に囲まれ、一人ひとりから「お前にはがっかりだ」などと言われたときはさすがに心が折れかけた。短気な性格が災いして、相手のことを慮らず、言葉の刃で周囲の大人を傷つけることも多かった。

この頃、『情熱を貫く』（大久保嘉人著　朝日新聞出版）という本を読んだ。感情を大きく表現する大久保選手は、この本を読むと、多くの挫折を乗り越えながらもその激情をチームを勝たせることに注ぎ込んだ人だと分かる。自分自身、この頃感情を持て余していたこともあり、このカリスマ性によるリーダーシップは理想の形に近いと感じていた。忘れられない、今でも大切な一冊だ。

この高校時代、サッカー部の一つ上の先輩で、実力と強いリーダーシップを併せ持つ、憧れの先輩がいた。「公士郎君」と呼び慕っていたその先輩が進学したのが産業能率大学。大学進学後も、どの先輩よりも公士郎君は輝いて見えた。俺が産能大に興味を持ち始めたのは、公士郎君の影響。加えて本人から産能大に来いと誘ってもらったことで俺は進路を一つに絞り、晴れて入学することができた。

2年生になって入った高原ゼミでは、ゼミ長を務めた。企業と連携して行うプロジェクトをいくつも同時並行で進めていくこのゼミで俺はそのすべてのプロジェクトに入り、先生と同じレベルでゼミに関する全てのことを把握した。自分自身がプロジェクトリーダーを担うこともある。そういったこと以外にも、ゼミ生全員と連絡を取り、先生の予定と照らし合わせて面談のスケジュールを決めるといった、秘書のようなこともやった。負担はかかっていたと思うが、何より辛かったのは身体的な負担ではなく、どれだけやっても人がついてきてくれないという、精神的な負担だった。高原先生が選んで決めてくれたのは本当に嬉しかったが、ゼミ生のみんなから選ばれたリーダーでないということは、当時大きな問題だったと思う。

そこで俺は、憧れていた父の特性であった「引っ張るリーダーシップ」を一度諦め、皆をフォローするための、「支えるリーダーシップ」を心がけた。たとえば悩んでいる人がいたとき、前者の場合は「この人がいるなら大丈夫、ついていきたい」と思わせるもの。後者は、一人ひとりに寄り添い、その人が悩んでいる理由を聞く。その上で達成できそうなことを任せ、それでも手が回らないところをフォローする。自分なりにゼミのことを考えた上での改善だったが、それでも成果は表れなかった。

そんな中で、中村実穂（以下、実穂）と二階堂優衣（以下、優衣）に副ゼミ長、菊池晶太（以下、晶太）に「福福ゼミ長」の役目をお願いし（念のため、「福福ゼミ長」は誤字ではない。文字通り、高原ゼミに福をもたらす存在だ）、実穂から、「ゼミ生と本気で語り合う場が欲しい」との提案を受けたことをきっかけに、副ゼミ長、福福ゼミ長発表の機会も兼ね、ゼミ生だけの飲み会をすることに決めた。ここで実穂が、ゼミ長が俺でよかったのかどうかについてみんなに問いかけてくれた。事前に決めていたことではあったのだがその場から逃げ出したくなるくらいに俺は怖くなった。

でも、そこで口にされたのは、思いがけない言葉の数々。「こうきでよかったよ」「こうきしかいないよ」。自分で書くのは照れくさいが、嬉しいという表現で正しいのか分からないくらいに嬉しかった。もともとリーダーの素質はなく、時には虚勢を張りながらも続けてきた。途中で理想を捨て、自分を曲げなければならないこともあった。実力はなかったかもしれないが、努力を認めてもらえた思いだった。

この瞬間から高原ゼミの結束は確実に強まったと思う。俺が口を出さなくてもそれぞれが役割をまっとうしてくれるし、俺では想像もつかないようなアイディアを出してくれる。このゼミ生たちに助けられて、Yahoo! ニュースにまで取り上げていただけるなどいろいろな活動を成功させることができた。実穂、優衣、晶太をはじめとした多くの人の支えのもと、このゼミが団結できたことを本当に誇らしく思った。ゼミ生のみんなには感謝してもしきれない。もちろん、ゼミ長に選んでくれた高原先生にも。最高のゼミだ。

これからは父とも違う自分だけのリーダーシップを目指そうと思う。今まで俺が考えてきたのは、前で引っ張る、後ろで支えるなど、自分がどうやってゼミ生と接するか。今思うと強がりなリーダーシップだった。これからはもっと直接、ゼミとゼミ生のためになること、そして成果に繋がることがしたい。

そんなことに気づき始めた頃出合ったのが、『ゆめの はいたつにん』（教来石小織著 センジュ出版）だ。カンボジアの農村部の子どもたちに日本のアニメ映画を届ける活動をしている女性が著者。彼女は、映画を届けることで子どもたちに将来の夢の幅を広げてもらいたいと思い、今はNPO法人の代表を務めている。この著者はどこか頼りなく感じられるリーダーなのだが、仲間がリーダーを支えて組織が一つにまとまっているし、メンバーの一人ひとりが自分で考え行動することで、それぞれが成長していることが、この本を読んでよく分かる。こんなリーダーシップの形もあるのかと、衝撃を受けた。

ゼミ生が頑張ることのできる理由を形にして、それがゼミの成果として表れるよう立ち回ること。それが今の俺が目指すリーダーシップだ。どこか頑張りきれない人にも必ず理由がある。そういった人の声に耳を傾けたい。そしてただ励ますだけでなく、ゼミのみんなと考え、先生にも提案することで改善に繋げていきたい。母が本を与えてくれて、父が背中を見せてくれて、そして高原ゼミでの経験を通じて、見つけることのできた理想。リーダーシップは人それぞれで、父と俺とでもその方法は異なっている。だからこそ、やっとぼんやり見えてきた自分なりのリーダーシップを、今度こそ曲げずに貫いていきたい。人生を自分自身で切り開けるように。

わたしの本

『情熱を貫く』

大久保嘉人 著（朝日新聞出版）

大久保嘉人はプロのサッカー選手で、とても感情的であるにもかかわらず、強いリーダーシップを持った人間です。俺の中で「感情的すぎること」と「リーダーシップ」は、対極に位置するもの。大久保選手の得体の知れないリーダーシップに惹きつけられた俺は、この本を思わず手に取りました。

本を読み進めていくと、大久保選手の激情はすべて、チームを勝たせたい一心で、自分の努力と結果によって周囲を納得させたのだということがよく分かります。大久保選手のカリスマ性によるリーダーシップは高校生の頃の俺にとって自分のリーダー像に近く、今でも強く印象に残っています。

わたしの本

『ゆめの はいたつにん』

教来石小織 著（センジュ出版）

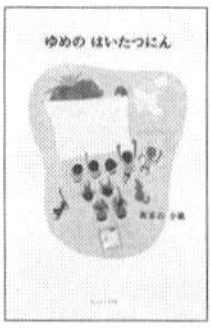

著者である教来石さんはとにかく自分に自信がなく、一見人を引っ張るタイプの人間ではありません。それでも、ソーシャルビジネスコンテストの「夢AWARD」という大きな舞台で、多くの人を惹きつけ、影響を与える演説をしました。彼女がそれだけのことを成し遂げることができたのは、本人のひたむきな思いと、それに惹かれ協力した人たちがいたからこそ。彼女のリーダーシップには特徴が二つあると思います。一点目は、リーダーを支えようとすることで組織が一つにまとまること。二点目は、一人ひとりが自分で考え行動する必要があるため、メンバーの成長促進に繋がること。これもある種、リーダーシップの究極の形なのかもしれません。

本で心を動かされたい

樋口奈緒

私は本が苦手だ。嫌いというよりも、苦手。文章を読むことが苦手なのだ。本との思い出なんて全くと言ってもいいくらい、ない。20年間生きてきて、この本を読んで人生が変わったとかそんな本にはまだ出合っていない。だけど本を読みたい気持ちはあって、本屋さんに行くことだってある。が、本を買うことはほとんどない。

自分と本との関わりについて、今まで考えたことなんかもちろんない。でも、よく考えてみれば小さい頃はよく絵本を読んでいたし、小学生の時は毎週本を読む時間があったなと思い出した。

今の私はできれば本は読みたくないと思っているけれど、小さい頃は絵本が大好きだった。テレビを見ることと同じくらい好きだった気がする。日本むかしばなしや、グリム童話、ディズニーの絵本など、家には絵本がたくさんあった。毎日寝る時に、母に読んでもらっていたなと幼い頃を思い出す。本屋さんのキッズコーナーをぐるぐる回るのが好きだった。買い物に行くと一冊絵本を買ってもらう習慣があり、優柔不断な私はその一冊を選ぶのにかなり時間を費やしていた。そしてようやく買ってもらった本を夜になって枕元において、母がそばに来るのをワクワクしながら待っていた記憶もある。

とくに好きだった絵本がある。それは『しろくまちゃんのほっとけーき』（わかやまけん著　こぐま社）という本だ。この本はしろくまちゃんがホットケーキを作るというだけの物語なのだが、ホットケーキが出来上がっていく様子がイラストと言葉で表現されていて、それがとにかく、かわいい。どこが好きだったのかは覚えてないけれど、今でもいちばん好きだったのはこの本！　と言えるくらい想いが強かったことを、改めて感じる。次第に絵本を読まなくなって本棚を整理しなければいけなくなっても、この本だけは絶対に捨てたくないと泣いたこともある。この絵本は、これからもずっと忘れることはないだろうなと思うし、いつか絶対自分の子どもに読ませると今から決めている（笑）。

今では、幼稚園教諭の姉と一緒に本屋さんの絵本コーナーに行くことがある。先日、自分が小さい頃読んでいた本をたくさん見つけて、つい手に取って読んでしまった。そういえばこの本、家にあったとか、幼稚園で読んでいた、など楽しい思い出がたくさんよみがえった。幼い頃の私は本が好きで本屋さんに行くことをいつも楽しみにしていたのに、いつからこんなに本が苦手になってしまったのだろうか……。

小学校に入学した私は、毎日大泣きして学校に通っていた。この頃がいちばん家族に迷惑をかけた時期だと思う。今思うと学校の何が嫌であんなに泣いていたのかよくわからないし、かなり恥ずかしい……。何事も準備をしないと気がすまない超心配性の私は、翌日学校で何をするのかよくわからないという恐怖と戦っていたのだと思う。

1年生の時から朝読書の時間があった。毎朝泣きながら学校に行っていたということは、涙の跡を残しながら本を読んでいたということになる。そんな顔で読んでいた本は『こまったさん』と『わかったさん』（共に寺村輝夫著　あかね書房）のシリーズだった。低学年の時はよく図書館に行って、このシリーズの本を大量に借りていた。この本はゆかいでふしぎで、話にひきこまれていくうちにお腹が空いてくる。さっきまでぎゃんぎゃん泣いていたのがウソみたいに、私を楽しい気持ちにしてくれた。何年かぶりに図書館に行って、このシリーズの本を手に取って読んでみた。今読んでも面白い。料理をするお話なので、どの本にもおいしそうな料理の絵がある。巻末にはレシピまでついていて、最後まで楽しい本だと感じたが、当時はレシピがあることなんて気づかなかった。改めて読んだからこその発見だった。

小学校高学年になるにつれて、平日は英語・ピアノ・習字・体操・塾などほぼ毎日習い事をしていたので、友だちと遊ぶことも減ってしまい、図書館に行く時間もどんどんなくなってしまった。本を読むのは朝読書の数分となり、家では全く読まなくなった。

大きく人生が変わる時期というのが何回かあると思うが、私にとっては、中学入学が一つ目のその時期だったと思う。人生というと大げさに聞こえてしまうが、中学に入ると、生活がそれまでとは激変した。その原因は「部活」だ。私はバレーボール部に入部した。初心者で、それまでがっつりスポーツなんてやってこなかった私にとって毎日の練習はとてもきつかったし、上下関係やレギュラー争い含め中学の3年間は本当にしんどいことの積み重ね。この部活のことでは数え切れないほど泣いたり、悔しい思いをしたり、怒ったりしたけれど、その分得るものもたくさんあった。

礼儀や言葉遣いなども部活が教えてくれたし、ひとつのことをチームでやり遂げる充足感も学んだ。部活から帰ってきてからすぐ習い事。そんな日々が3年間続いて、部活を引退するまでは、友だちと遊びに行ったり家でのんびりだらだらしたりすることも、あまりなかった。本を読む時間なんてもちろんのこと、皆無だった。

志望校に合格し、華のJK!!! その学校には中学から何人か一緒の子がいたもののそのうちの誰とも同じクラスになれなかったので、当時の私は人見知りを大いに発揮していた。前の席の子に勇気を出して声をかけた時の緊張は今でも覚えている。

高校1年生になって、新しい環境がもう一つ増えた。それはお弁当屋さんでのアルバイトだ。右も左もわからない15歳の私は毎回緊張しながら仕事をしていた。もともと言葉遣いには自信があったが、仕事でいざ使うとなるとしっかり話せなかったり変な言葉遣いになってしまったりしたので、敬語の勉強を始めた。その時に読んだのが『正しい敬語の使い方』（永崎一則著 PHP文庫）という本だ。はじめて読んだ物語以外の本。勉強になる本だった。アルバイトでの言葉遣いとビジネスについても学べる本だったので、おかげで敬語の知識は以前よりもずいぶん増え、自信になった。

お弁当屋さんのアルバイトは想像していたより大変だった。とっても忙しく仕事量が多くて、店長に「ここで完璧に仕事ができるようになったら他の店に行ってもやっていける」と言われるほどだった。時間との勝負だったし、理不尽なクレームもたくさんあった。始めた時は右も左もわからなかった私だが、大学3年の5月まで約5年間ここでアルバイトをしているうちに、わからないことなんてひとつもないというところまで成長できた。そこまで頑張れたということが、今の自信にも繋がっていると思う。

小学校に行くのにあんなに泣いていた私も、気づいたら大学生になっていた。友だちはほとんどゼロ。片道約2時間かかる通学に毎日ドキドキしていた気がする。しかし私はゼミに恵まれた。産能は1年生からゼミがあるので、その制度が本当にありがたかった。

2年生の夏の2週間、私は音楽会社にインターンに行った。毎朝社長とのミーティングがあったが、初日のミーティングの時に「インターン中、毎日1冊本を読め」と言われ、頭が真っ白になった。小さい頃本が好きだったという気持ちをどこかに忘れてきた私はその時、「終わった……」と思った。毎日本を読むなんて地獄だと思ってしまった。ミーティングが終わってすぐにビルの隣の本屋に強制的に連れていかれ、とりあえず1冊お買い上げ。本が嫌いな私でも読めそうな本を探すのにとても時間がかかった。同じインターンのメンバーが「毎日本を読むなんて余裕」と話しているのを聞いて、自分はなんで本を読まなくなってしまったんだろうと後悔した。他のメンバーがさっさと自分の本を決める中、私が時間をかけまくって選んだ本は、『「箇条書き手帳」でうまくいく』（Marie著　ディスカヴァー・トゥエンティワン）という本だった。せっかく読むなら自分が興味があるものがよかった。私は手帳に予定を書いたり見やすくしたりシールを貼ったりするのが好きなので、これなら読めると思ったのだ。自分で買った本＋会社から2日で読んでくださいと言われて渡された本の2冊を、毎朝電車で、死んだような顔をしながら頑張って読んだ。本を読むのに期限なんか作らないでよ!! と思っていたけれど、この期限があったおかげで読みきることができた。

読み終わった瞬間には、「私だって本読めるじゃん」と、達成感を手にした。精神的にも体力的にもボロボロになった2週間。インターンなんて行かなきゃよかったと毎日思いながら出勤していたが、最終日には来てよかったと思えた。このインターンでは、アーティストの川嶋あいさんのライブのメイキングの音声を文字化する作業も体験した。6時間ほどの時間をかけたので、終わって社員の方に褒めてもらえた時はとても嬉しかった。

この夏休みが終わると始まったのが、「高原ゼミ」だ。1期生としてスタートしてからすぐにたくさんのプロジェクトが始動した。高原ゼミでの活動はどれも楽しくてワクワクするものばかり。貴重な経験を数多く積ませてもらっているし、メンバーから刺激を受けることも多い。高原ゼミのプロジェクトはさまざまだったが、まさか本を書くことになるとは思ってもみなかった。

本の原稿を書く中で、本が大好きな人の話を聞く機会が増えた。すると、自分も本で心を動かされたいと思うようになった。いきなり「本大好き！」になるのは無理かもしれないけれど、本が苦手、嫌いという考えを取っ払って、本を読んでみようという気持ちになることができた。これまで読んだ本の中にも今読み返すとまた違った発見があったように、本との出合いを大切にしたい。これからますます、そんな大切な一冊と出合える日を、そして願わくは一生忘れずにいられるような本とこれから出合えることを、楽しみにしたい。

わたしの本

『レインツリーの国』 有川浩 著 （角川文庫）

昔読んでいた「フェアリーゲーム」という上中下巻の本を実家で久しぶりに手にした主人公伸行は、この本の、見当たらない下巻の結末を思い出せず、ネットで検索してみる。

すると、「レインツリーの国」というサイトにたどり着き、そのサイトの管理人であったひとみと出会う。メールのやり取りをしていくうち、お互いに興味を持ち始めて会うことになるのだが、ひとみには秘密があった……。

映画を見てとても感動したので、原作を読んでみたいと思って買った本。ひとみの抱えていた秘密とは、耳の障害。この本は半分がメールのやり取りになっている。このメールのやり取りの言葉のチョイスがとてもきれいで、それがこの本を私が好きな理由だ。

今の時代LINEなどで簡単にやり取りができるが、私たちは普段、言葉を大切にしているだろうかと、この本を読んで感じた。言葉で想いを伝えることの大切さ。主人公とヒロインが障害の壁を越える姿も素敵だし、何よりも主人公の伸行が素敵すぎる!!! 優しくて、人の気持ちを誰よりも一番に考えている。

この主人公みたいな人が私の周りにいたら、一緒にいるだけで自分まで優しい気持ちになれるだろうなと感じた。読み終わった時、とても温かい気持ちになれる一冊。

わたしの本

『コーヒーが冷めないうちに』 川口俊和 著（サンマーク出版）

電車の広告で「4回泣ける」という文字を見て、読んでみたいと思った。短編集のようになっているので私のように本が苦手な人にはぴったりだと思う。この本は小さな喫茶店が舞台となっていて、そこの喫茶店には「その席に座ると、その席に座っている間だけ、望んだ通りの時間に移動ができる」という不思議な都市伝説がある。過去に戻っても、喫茶店を訪れたことのないものには会うことができない。過去に戻ってどんな努力をしても、現実は変わらない。過去に戻れる席には先客がいて、その先客が席を立った時だけ座れる。過去に戻っても、席を立って移動することはできない。過去に戻れるのは、コーヒーを注いでから冷めるまでの間だけ。そんなルールがたくさんあるこの喫茶店で、結婚を考えていた彼氏と別れた女性、記憶が消えていく男と看護師の夫婦、家出した姉とよく食べる妹、喫茶店で働く妊婦の4つのお話が繰り広げられる。数は少ないが、これまで読んだ本の中でおそらく一番泣いた本だと思う。電車に乗っている時にこの本を読んでいたのだが、普通に泣きすぎた……。

実際にこんな不思議な喫茶店があったら、私も行ってみたいと思わせてくれる。誰でも過去に何かしら後悔が残っているのかもしれない。少なくとも私には、あの時ああしていれば、こうしていればと思うことが、たくさんある。だが実際には、過去に戻ることなんてできない。誰が読んでも感動して涙が出てくる本だと確信する。きっと本当に、最低4回は泣くと思う。

本は私の記憶

河野夏子

私の人生の3分の2はサッカーの記憶で埋め尽くされている。

3人姉弟の末っ子で、8歳上の姉と4歳上の兄がいる。姉とは年が離れているため、幼い頃は兄と仲が良かった。また、兄の行くところへ、後ろからちょろちょろとつきまとっていた。

「自分がやりたいと思ったことになんでも挑戦できるような身体をつくる」

親は将来私が自分でやりたいことを見つけたときに、運動神経が悪くて諦めることがないようにと、小さい頃からいろんなスポーツを私に経験させた。サッカーはもちろん、野球やバレーボール、テニス、卓球、バドミントン、水泳、ゴルフ……と、さまざまなスポーツを経験してきたおかげで、運動神経だけは抜群に良い。運動が好きで室内では落ち着いていられない性格。幼稚園では外で男の子に混ざって走り回った。仲の良い兄の影響で4歳から始めたサッカーは、外部チームではあったが、同じ幼稚園にもサッカーのチームメイトがいたため、毎日暗くなるまで公園で練習していた。

小学校へ進学してからもずっと続けていたからか、お友達は男の子。休み時間も男の子に混ざってドッジボールに鬼ごっこ。女の子と室内で絵を描く時間は私にはなかった。土日休みの父に「どこ行きたい？」と聞かれてもいつも「公園！」と即答だったらしい。2歳の頃から毎週父と兄と井の頭公園まで自転車で行っては、サッカーや野球、フリスビーにバドミントンと、親が疲れ切るまで遊んだ。

そんな幼少期を過ごしていたら、いつからか私はパパっ子になっていた。私にとって土日は父とずっと一緒にいられる特別な2日間だった。その中でも幼い私が楽しみにしていたことがある。寝るときに父が読んでくれる絵本だ。特殊な絵本というわけではない。ごく普通の絵本。だが、父の読み聞かせは一味違った。たとえば『三びきのこぶた』。3匹のうち、わらの家と木の家を建てたこぶたは狼に家を壊されてしまう。何とか逃げ、最後はレンガで建てたこぶたの家に逃げ込み狼から身を守ったという、あの有名な話だ。絵本の中ではわらの家は狼に吹き飛ばされ、木の家は体当たりで壊されてしまうが、狼に食べられはしない。しかし、父の読む『三びきのこぶた』では、毎回狼に食べられてしまう。狼がわらを吹き飛ばすとき、私が父に吹き飛ばされる。木の家に体当たりするとき、私はベッドから落ちるほど、父にもみくちゃにされる。そしてガブリッと効果音がついて食べられる。食べられてもどこからかこぶたは出てきて、ちゃんと絵本通りのストーリーに戻ってくる。話としては滅茶苦茶だが、幼い私はそれが楽しくて仕方がなかった。『かぐや姫』では、竹を切ったと同時にかぐや姫もスパッとまっぷたつ。『桃太郎』もいつもおばあさんに切られてしまう。たまに、ちょうどトイレに行っていてセーフという回もあった。いつも絵本とは違うストーリーでの読み聞かせ。私の中では、正しい内容より、父が読んでくれた内容の方がとても印象的で、本当のストーリーを忘れてしまうほどだった。本に書いてあることはたったひとつ。何度読んでも同じことしか書いていない。だから本は、一、二度読めば、しまってしまうもの。そんな本を、父は何度も手に取りたくなるものにしてくれた。面白い本はこの世にたくさんある。だが、本を面白くさせることは誰もができることではないと思っている。私は父から本の楽しみ方を学んだ。この頃から、自分で本を楽しむ力がついていたのかもしれない。どんな物語を読んでも、いろいろな想像ができてしまう。この行動はどんな意図があったのか、このセリフはどんな口調なのか。文字だけでは見えない部分を自然と見ようとしてしまう。本の内容を頭の中で映像化できるのは、父からもらった感性だと思う。

中学生になった。文字の本を好きになったのはこの頃である。人生でいちばん本を読んだ時期。ファンタジーやSF、ホラーばかり読んでいた。他には山田悠介さんの本。現実味のない話であり得ないことばかりが起きる本は、思春期の私の、現実から離れた休憩場所であった。

中学生でもサッカーを続けた。クラブチームのユースに所属し、副キャプテンになった。チームには東京都外からも選手が集まる。もちろんやってきたこともスタイルも違う。新しくチームを組むことは苦労が多い。さらに中学生という気難しい時期。上に立つ人間として、わからないことが多く、思い返せば私のこれまでの人生でもっとも荒れていた。そんなとき近くにあったのが本。現実味のない話に引き込まれ、悩みを忘れる時間。その時間が私は好きだった。静かなところで、一人の空間で、紙に文字だけの時間。荒れた心も自然と冷静になれた。サッカーと本。全く違うもの。だが私の中では繋がっていた。

中学生の頃に読んだ忘れられない本がある。『夜は短し歩けよ乙女』（森見登美彦著　角川文庫）。初めて読んだのは中学2年生。ちょうどなでしこサッカーのワールドカップでアメリカに勝ち優勝した年で、この優勝がなでしこサッカーのブームに火をつけた。私が所属していたユースチームには社会人のトップチームもあった。そこに所属していた高校3年生の先輩。ワールドカップの日本対アメリカの試合は深夜から朝方にかけてライブ中継されていたが、先輩と私は、お互い自分の家で試合を見ていた。優勝が決まったとき、ふと先輩に電話をした。今でも忘れないくらい電話越しに騒いだ。この日のことは、「そんな仲良しだったの？」と周りに驚かれるほどだった。思えば彼女との出会いは本だった。貸してくれた本が、『夜は短し歩けよ乙女』だったのだ。大人が勧めるような本を読んだのはこれが初めてだった。本を読んで感想を語り合って、共感が生まれた。あまり関わることのない人との、本によって繋がった関係。まさか仲良くなるとは思っていなかった先輩。本を想う上で、大切な出来事だ。

本を読むことは1人でもできること。誰もいなくても静かに時間を過ごせる。でも、2人で読書すると、人と人を繋ぐ架け橋へと姿を変える。ネットに繋がっていなくても、人と人は繋がることができる。本には人を繋ぐ力があるのだと知ることができた。

私は高校生になった。相変わらずサッカーは続けていた。女子サッカー部がある強豪高校に進学し、毎朝練習して早弁してお昼休みに練習をして、授業が終われば放課後の部活が始まり、夜になったら家に帰る生活。家は寝るためにあるものだった。もうホテル状態。自分で選んだ道だけれども正直辛いことばかりだった。高校は勉強をする場所かもしれないが、私は胸を張って言える。高校はサッカーをする場所だった。とはいえ「文武両道」、これが女子サッカー部の鉄則。練習に参加するために勉強をし、試合に出るために校則を守った。勉強も学校生活もすべてサッカーのためのもの。だからこそ四六時中サッカーが頭から離れることのない、そんな3年間だった。今までに経験したことのない厳しさに、何度も心が折れた。立ち直る前にまた心が折れる。もちろん、勝利の喜び、監督の言葉、仲間の支え合い。どれも大きな存在だったけれど、世に言うJK。本当は少女漫画で見るような桃色の生活にも憧れはあったのだ。これまでも、これからも、あの高校時代のような経験はしないと思うし、なによりもう経験したくない。

そんな中にも本の存在があった。当時読んだのは『心を整える』（長谷部誠著　幻冬舎文庫）。サッカー日本代表の長谷部誠選手が自らのアスリート生活で大切にしてきた習慣を書き綴った本だ。フィールドはまったく違うが、自分にも当てはまるものがあった。小説とは違う、自己啓発書。本からこんな刺激の受け方をしたことはなかった。不思議だった。本と共感し合うのは初めてで、まるで本と話し合っているかのような感覚。ペラペラの紙に黒く文字が印刷されているだけの本、そんなものに支えられる日が来るなんて思ってもいなかった。それまで私は部活中心の日々で、部活のために学校があるようなものだった。他の記憶はあまりないくらいに、部活に身も心も費やしていた。そんなとき、本に書いてあったのは、すべてのことを考えて整えること。身の回りのことすべてを。部屋の掃除でも自分の人間関係でもなんでも。これを読んで、サッカーのために生きるのであれば、ただの部屋の掃除、もう慣れ切った友人との関係など、サッカー以外も含む自分の身の回りのことすべてに責任を持って自分で世界を回さなくてはいけない。そう刺激を受けたことを覚えている。今、21歳になって、この整えることの大切さをますます感じている。ただ片づけることかもしれないが、それが自分の人生を決める材料になるのだとわかった。そしてそれを伝える長谷部誠選手はすごいと改めて思った。誰もが自分自身のことに責任を持ってこなすことは当たり前。けれどもそれがなかなかできない。そのことをサラッと成し遂げているうえに、それを言葉にしただけで読んだ人に多くのものを与える。ただの紙でも、ただの文字でも人を変える力がある。私は18歳の読書で初めての経験をした。

大学生になったら、本を読まなくなった。今までサッカー漬けだった生活から、時間ができたことでお金を使う遊びが多くなった。部活を引退してやっと始めることのできたアルバイト。遊ぶたびに出費をして、お金を稼ぐためにアルバイトをした。大学2年生までは大人のサッカーチームに所属していて、毎週土日は練習。家でゆっくりする時間がどんどん削られていった。大学では高校と違って教科書をあまり使わないこともあり、必然的に文字に触れる環境もなくなって、人生でいちばん紙に触れない時期になった。パソコンとにらめっこでレポートを果たす。液晶画面を見ることが多くなったのも理由のひとつだと思う。そんな大学生活を過ごしていく中で、2年になってゼミを選んだ。志願してでも入りたいゼミがなくてどうしようか迷っていた。

そんなときに出会ったのが高原先生だった。

学科が違う高原先生との出会いは、たまたま必修の授業を先生が担当されていたことからだった。大きい教室で自由席だったので、後ろの端っこに座って適当に受講していたが、ある日突然、指定席に変わった。自分の学籍番号を探したらいつも通りいちばん前、しかもセンター席だった。まさに神席。終わったと思った。私はなぜか学籍番号順になると、いちばん前になる確率が高い。大学在籍中、半数の授業で最前列に座っていた気がする。仕方ないので、初めは静かに目立たないようにただ真面目に授業を受けていた。その頃、学科が違う先生が私の学科でゼミを持つという話を噂で聞いた。しかも結構人気の先生らしい。名前を聞いてみたらなんと〝高原先生〟だった。あ、この人が高原先生か。初めはその程度。そのうち先生と話す機会を作るためにアポイントを取りに行くと、もう時間の空きがないと言われた。びっくりした。どうしようもないと思って、先生がトイレに行こうとしているところを捕まえて無理やり話す機会を作ってもらった。初めに学籍番号と名前を書いてと言われて数字と名前を書いて渡すと、高原先生がそれを見て「あ、いつも授業プリントたくさん書いてくれているよね」とさらりと言った。これが私の高原先生のゼミを志願した理由だ。授業ではひっそり生きてきたつもりだった。たかが授業プリントかもしれないが、小さなことでも見ていてくれるということは、自分にとって成長できる場所だと思った。それからは、いちばん前の席を自分のアピールに使った。真面目に目立とうとした。

そして、私は高原ゼミに入ることができた。なぜ私が入ることができたのかは未だに不思議。高原先生と面識があったわけでもないし、先輩のコネもない。でも今思うのは、高原ゼミに入れてよかったということ。高原ゼミは学生主催のプロジェクトが多い。飲料会社とコラボレーションをして商品開発をしたり、町おこしをしたり、コスメ品のマーケティングをプロジェクトとして行ったりしている。そして今回、ゼミ生と先生で本を書くことになった。本を出版するにあたって一緒に企画をしていただく「センジュ出版」が出している『ゆめの はいたつにん』（教来石小織著）を買った。久々に分厚い本。本当に本を読まなすぎて、ページがなかなか進まなかった。知っているはずなのに、なんて読むのか忘れてしまった漢字もあった。文字は読まないと忘れるのだ。スマートフォンであれだけ文字を見ているのに、打っているのに、勝手に変換してくれる素敵な時代は、一方でまったく文字が記憶に残らない。でも、紙の本を一冊読み切った時、なかなかの達成感があった。本に特別愛情があるわけでもないが、やっぱり本を読んだという感覚が好きだと改めて感じた。人生の中で本は絶対必要、とまでは言えないが、あればうれしい存在なのだと思った。

自分にとって本とは何かだなんて、人生の中で考える機会はそうないと思う。実際、紙媒体の需要が減っているのに、わざわざ見知らぬ大学生が書いた本を買うのか？と少し不安はある。でも本のことを考えていくと、案外自分の人生に必要だったと気づく。本に対して、人はそれぞれ違う価値観を持っているだろう。暇つぶしにでも、大切な趣味にでもなり得る。本はそれほどまでに身近で、出会いたくなくても出会ってしまう。なくてはならない便利な家電でもないのに、こんなにも多くの人が本に触れて、その存在に関心を持っている。そのことの力を感じることができた。

本のことを考えると、読んだ頃のことを思い出す。絵本を思えば幼少期を思い出し、「山田悠介」を思い出せば中学時代を。私の中で本の内容も大切だが、本はその思い出も一緒に本棚にしまわれているのだと思う。21歳の私が考える本とは何か。言葉が拙いけれど、私にとって本の存在はきっとこうだ。

私にとって本は「記憶」である。

大学生になってから本を読まなくなったことで、私の些細なメモリーがなくなった。本とともに思い出す記憶は写真に残すまでもなく、日記に書くような思い出でもない。そんなたわいない記憶が、私にとって大切だったのだと、何年も経ってから感じた。なので、どんな本でもいい。何年後、何十年後にその本を手にしたとき、自分の記憶のきっかけになる大切な思い出の一冊と、これからも出合っていきたいと思う。

わたしの本

『ハリー・ポッター』

J・K・ローリング 著（静山社）

魔法学校に通う主人公ハリー・ポッターが、魔法界に存在する悪と戦いながら、主人公や魔法界の過去に立ち向かう過程の物語。映画化もされた有名な本だが、映画よりも本を読んでほしい。なぜなら映画でよく聞く呪文や登場人物の名前がはっきりとわかり、記憶に残るから。それに、完全なファンタジーを頭の中で自由に映像化できる。声や色、音を想像できる。なので、映画をもう観たという人にもぜひ読んでほしい。主演のダニエル・ラドクリフも、本を読むと別のハリー・ポッターになるかもしれない。もっと背が高くて、もっとクールかもしれない。映画に描かれていないシーンも書かれているため、そんなシーンを自分で映像化することも面白さのひとつだと思う。

わたしの本

『ぼちぼちいこか』

マイク・セイラー 著（偕成社）

私が幼い頃に大好きだった絵本だ。体の大きなカバがいろんな職業に挑戦して、失敗をたくさんするが、自分のペースでぼちぼちいこうというお話。幼い頃はこの本が伝えるメッセージをなにひとつ理解していなかったが、描写が面白かった。たとえば宇宙飛行士に挑戦したとき、体の大きいカバは体が重くて地上に残ったままとなり、飛行機だけが飛んで行ってしまう。その飛行機を見つめるカバの顔がなんとも言えない無表情さ。添えられたことばも、「飛行できず」とたった一言。21歳になった今読み返してみると、将来を考えるこの歳に、ぼちぼちいこか、くらいの緩さ、焦らない気持ちがとても大事に思える。ああしなきゃこうしなきゃと現実に追われて手一杯になっている人にぜひ読んでほしい。

本とわたし

石橋美弓

わたしの名前は美しいに弓と書いて、「みゆみ」と読みます。当時5歳だった兄が考えてくれたそうです。つい最近まで半信半疑でしたが、母曰く本当みたいです。自己紹介をすると「めずらしいね」とよく言われます。自己紹介しただけで、一つ会話ができるような珍しい名前を考えてくれた兄に、それを受け入れ、字を当ててくれた両親に、感謝しています。

最近22歳になりました。高校1年生のとき、初めてのバイト先で密かに憧れていた22歳のお姉さんは、とても大人に見えました。わたしもあんな大学生になりたいなあと思っていました。そのお姉さんは、いつもスナイデルのワンピースを着ていて、しかもそれがとっても似合っていて、いつかわたしもスナイデルのワンピースを気軽に着ることができるような、そんな女性になろうと決意をさせてくれた方でした。いざ自分がその年になってみて感じているのは、22歳って全然大人じゃない、ということです。自分が思い描いていた22歳から、自分がかけ離れすぎていて、もう、どうしようかな、という感じです。この思いを友達に話したら、その子は共感と「お姉さんもそうだったんじゃないの」という言葉をくれました。そうだったのかな。お姉さんも、見えない葛藤を繰り返していたのかな。たくさん背伸びしていたのかな。どうなんだろう。

本当のことはわからないけれど、あのお姉さんを追いかけるような気持ちで、22歳の大人というものを考えていきたいな、と思っています。ちなみに、スナイデルのワンピースはまだ着たことがないです。お店自体が可愛らしすぎて、店内に入ることさえできない状態（笑）。

ここで少し、家族のことを書きます。

愛とやさしさで溢れているパワフルな母と、しつけには厳しく口下手で言葉には出さないけれど家族を大切に思ってくれている父の間にわたしは誕生しました。もうほとんど大人になった今（まだすこし子供でいたいのが本音）思うのは、ふたりの子供としてこの世に誕生できて本当によかったなあということです。わたしはたびたび妄想しがちな性格なのですが（ハッピー野郎なので）、神様がいて、「あそこの家にはこの子を誕生させよう」なんてひとりひとり選別していたんだとしたら、神様、本当にありがとうございます、と言いたいです。それくらい、恵まれた環境で生きていると思っています。なぜそう思うのか。それにはある理由があります。

わたしは本来この世に誕生する予定ではありませんでした。わたしではなく、3つ上の兄が生まれる予定でした。兄の名前は強《つよし》といいます。強く生きてほしい、という意味が込められているそうです。強は生まれる前から障害を持って生まれてくることがわかっていました。それでも母は出産すると決めたそうです。しかし、母が強を抱き上げることは一度もできませんでした。

母はそのことで、味わったことのない深い深い悲しみを感じたと言っていました。10か月間おなかの中にいてくれたのに、会えなかったのです。わたしには想像もできない悲しみです。父も酔っぱらって強の話をすると、泣くことがあります。それくらいふたりにとって、とてつもない悲しみだったと言っていました。母は当時「もう子供は作らない」と思ったと、言っていました。

でも、わたしは今生きています。母はわたしを産んでくれました。

強の悲しみから2年経ったあと。母の親友、雅美ちゃんが出産しました。赤ちゃんの名前はこうきといいます。雅美ちゃんが退院したあと、母は雅美ちゃんのおうちにお見舞いに行っていたそうで、あるとき、雅美ちゃんの体調が優れない日があり、母が代わりにこうきをお風呂に入れてあげることに。母は生まれたばかりのこうきを抱いて、お風呂に入れたとき、「あ」と思ったそうです。母曰く、子宮が「きゅ」と音を鳴らしたのだと言っていました。直感で「子供がほしい」と思えたのだと、言っていました。帰ってすぐ父にそのことを伝えたそうです。

あんなにつらく悲しい思いをしたのに、子供を産む決意をしてくれた。この話を聞いたとき、わたしは涙が止まりませんでした。うれしかった。本当に、うれしかった。

それからわたしを身ごもり、無事にわたしの産声を聞けたときには「産まれてきてくれただけでいい」と思ってくれたそうです。そして母はいまだにずっと言ってくれます。「生きているだけでいい」と。この言葉にどれほど支えてもらったかわからないくらい、わたしにとっては本当に、本当にうれしくて、幸せな言葉です。

そのことがあってか、私は両親から本当に愛情をもって育ててもらえていると思います。愛されている、と自覚できること。こんなに幸せなことはないです。わたしを強くしてくれているのは、間違いなくふたりからの愛の力です。母はいつも言います。

「わたしからもらった愛は、ほかの人にあげるのよ」と。

「そうしたらきっとまた、愛が返ってくるから」と。

……こんなこと、ドラマか何かのセリフじゃなくて、さらっと言う人いるのかよ！と思うかもしれませんが、いるのです。母はこういう人なのです。わたしを超える、超ハッピーで愛に溢れた人なのです。

こんなわたしにとっての本とは、毎日生きている現実とは違う、もう一つの世界。

見たことがないものを見せてくれて、与えてくれるものです。時折、本の世界に入り込んで余韻が残りすぎることもあるくらいです。本を読んでいる時間はどこか、心にゆとりを与えてくれる気がします。本を読む時間を取れなくなっていると、心がどこか忙《せわ》しなくなる気がします。

とはいえ、最初から本が好きだったわけではありません。小学生の私はとにかく外遊びが大好きで、当時住んでいた家の前の公園で常に走り回っているような、活発な女の子でした。わたしの周りもそんな子が多く、その子たちは本をまったく読んでいなかったので「みんなで本を読もう！」とはなるわけもなく、本を手に取る機会もありませんでした。朝読書も苦痛で仕方なかったほど。いつしかわたしの中で「本を読む子＝物静かな子」というイメージが無意識のうちに確立していきました。

わたしと本の距離がグッと縮まったのは、中学生になってからです。中学生になり、小学生のときほど外で遊ぶ機会がなくなって、小学生のときほど男女混ざって遊ぶ機会もなくなっていました。思春期あるあるです。

その頃、親友の彩香の影響を受けました。彩香は中学校に入る少し前くらいに友達になった女の子。とても気が合い、わたしたちはすぐに仲良くなりました。彼女はとても主体的で、活発で、率先してみんなの前に立ち、学級委員長に自ら立候補するような女の子でした。でも、読書もしていた。わたしの中の「本を読む子＝物静かな子」のイメージに当てはまらなかったのです。彩香を見て、「わたしも本を読んでみていいのかな」と思いました。知らぬ間に、自分に本は似合わないと、どこかで思ってしまっていたのだと思います。彩香と仲良くなったことで、すこしだけ本と近づくことができたのです。あのとき、きっかけを与えてくれたことに本当に感謝していま す。彩香、ありがとう。

そして、この頃兄が持っていた漫画、『NARUTO』（岸本斉史著　集英社）、『ONE PIECE』（尾田栄一郎著　集英社）、『RAVE』（真島ヒロ著　講談社）などを読み漁っていたわたしは、好きな漫画の新刊はまだかと自宅の最寄り駅の本屋をチェックするうちに、漫画コーナーではなく文庫本コーナーの前をたびたび通るようになり、その文庫本を気にするようになりました。最初は手に取るのが恥ずかしくて、買うことはできなかった。今思えば何をそんなに気にしていたのだろうと思うのですが、当時のわたしは自分が本に触れることに対して、かなり抵抗があったのだと思います。誰かに言われたわけではないのに、自分自身、活発な人間でなくてはならないと思っていました。「元気」だとか「明るい」とか、人から言われるそのイメージから自分が逸れることが怖かったのでしょうか。今よりもずっと周りのイメージや評価を気にしていたのだと思います。わたしが本に近づけなかった大きな原因は、これかもしれません。

でも、そのうち気になるタイトルがあると「どんな内容なんだろう」と考える機会が増え、手に取るようにもなっていきました。恥ずかしくてレジまで向かう勇気が出るまでには時間がかかりましたが、やっと『カラフル』（森絵都著　文春文庫）を購入することができ、すこし恥ずかしいような、大人になったような気持ちを抱きました。わたしはきっと、ずっと、本に憧れを抱いていたのだと思います。

そこから本を手に取ることが好きになっていきました。朝読書の時間も好きになっていき、楽しかった毎日は、より楽しくなりました。彩香ともお互いが気に入った本を貸し合い、ここがいいよね、ここがたまらないよね、などと共通の話題がまた一つ増え、仲が深まった記憶があります。なにより、本を読んでいると自分がどこか大人になったような気がして、気分がよかったのです。本屋に足を運ぶ目的も漫画だけではなく、文庫本コーナーにも自然と足を運ぶようになりました。本を好きになったから、本が溢れる本屋も好きになりました。この頃は母によく「将来本屋でアルバイトをしたい」と話していた気がします。大好きな本たちを棚に並べられたら、さぞ幸せだろうと考えていました。残念ながら実現できていませんが。

その後は、自然に本を楽しめるようになっていきました。最初は気になるタイトルや表紙のデザイン、本の分厚さ、あらすじで本を選びました。時期も時期だったので、恋愛ものばかり手に取っていました。憧れや理想を持たせてくれる、そんな恋愛小説を読むうちに、本を通して新しい考えを知ることが、とにかく面白かったのです。

最初に好きになった作家さんは、桜庭一樹さん。本のデザインが他と違って可愛かったから手に取り初めて読んだのが、『赤×ピンク』（桜庭一樹著　角川文庫）です。ガールズファイトで働く女の子たちのお話ですが、当時中学生だったわたしは、ガールズファイトという言葉も知らずに読み進めました。読んでいけばいくほど、浮世離れした世界感を感じていた頃を思い出します。登場する女の子たちはどこか痛々しく、弱々しい。書いてある言葉たちがわたしの中にまっすぐに入ってきて、心臓をグッとつかまれるような、初めての感覚をこの本で味わいました。

作中にこんな言葉があります。主人公のまゆが、突然ガールズファイトを引退してしまい、まゆを溺愛していたミーコが落ち込んでいるときに、同僚の皐月がそっとミーコに缶コーラを差し出したときの、ミーコのセリフ。

「なんなの、悲しいときにはみんなコーラなの？」

わたしはこのセリフがとてつもなく好きです。どうしようもなく切なくなってしまうのです。浮世離れしたお話の中でこの一文だけ、やけにリアリティがあって近しい存在だと思わせてくれたのです。あらすじだけ見たら自分とすごく遠いのに、ふとした一文に親近感を覚える瞬間が多くありました。そこに心を奪われていったのです。

先日、この中学生の頃読んでいた恋愛小説『ハニービターハニー』（加藤千恵著　集英社文庫）をひっぱりだして、もう一度読み返しました。以前はすらすらと読めたものが、途切れ途切れでしか読めません。言葉が胸に入り込みすぎて、切なさに耐えられなくなったのです。と同時に、中学生のわたしはずいぶん背伸びをしていたんだなあと思いました。理解していたつもりでも、書いてある言葉のすべてを理解することはできていなかったのでしょう。言葉が胸に入り込んできたのはわたしの感性が成長したからだと気づき、「わたし、大人になったかも」と思いました。実際大人というものがなんなのかは20歳を超えた今でもよくわかっていないのですが、あの頃に比べたらすこしは、大人になれているのかな。うれしかったし、どこかむずがゆかったです。

本を通して自分自身の成長を感じることもあるんですね。本を手に取ることに引け目を感じていた中学生のわたしには、想像もできなかったことです。当時の自分に声をかけられるなら言いたいです。「もっともっと本を読め」と。大人になってからでも本を読むこと、読み始めることはできますが、大人になった頃にはほとんど心が完成してしまっています。感性がまだ固まってない、どうにでも変化できる、吸収できる時期に読んだからこそ、得るものがたくさんありました。感じたことのない感情、読めない文字、読めても意味がわからない言葉、イメージできない情景。本には知らないことがたくさん詰まっていました。教科書を読んでいるだけでは学べないものがぎゅっと詰まっていると思います。だからこそもっと読んでおきたかったと、今思うのです。

さて、ここで秘密の告白をします。

今まで隠していたのですが、わたしは高校生のとき、自分で創作サイトを立ち上げて、物語を書いていました。本を好きになって、文字を好きになって、言葉の伝える力が好きになったわたしは、自分の言葉で何かを表現したいと思ってしまったのです。この告白はとても恥ずかしい。でも、たぶんずっと誰かに言いたかったんだろうなと思います。

本当にふと「わたしも物語とか書いてみたいかも」と思ってしまい、即行動。その日にはサイトを作成し、文字を書き綴るようになっていました。ただただ楽しかったのを覚えています。そのうちにサイトを知って遊びに来てくださる方がすこしずつ増えていきました。それだけで本当にうれしかったのですが、たまにコメントをくださる方もいて、感無量でした。拙い、言ってしまえばただの妄想。それが他の人に伝わって、コメントまでいただけるなんて、想像もしていませんでした。その言葉たちはいまだに私の心にずっと残っているし、支えとなってくれる日もありました。自分が書いた言葉で感動してもらえて、その人からもらった言葉でまた自分が感動し、励まされる。そんな循環を体験したときに、言葉ってすごいなと思いました。いまだにどうして気に入ってもらえたのかわかりません。でも、言葉って何気なくて、いつでもどこでもあるようでいて実はすごい力があることを、改めて感じることができました。

このことがあってから、言葉について考えるようになりました。自分の発する言葉にちゃんと意味があって力があるとわかり、それからは言葉を選ぶようになりました。人からもらった言葉を聞き流すのではなく、咀嚼して理解するよう心掛けました。そうすると日々の会話に別の輝きが生まれたような気がしました。誰もが言葉に平等に力を持っているとわたしは思っています。だから、何気ない他人からの一言で一喜一憂する。ずっと前のことなのに忘れられない言葉や、絶対忘れたくない言葉たちがわたしの中にはいっぱいあります。誰にとっても、あると思うんです。相手にどんな言葉を使うか考えたその先に、伝わる言葉があるはずです。

わたしは将来、言葉を伝える仕事に就けたらいいな、と思っています。言葉で人に寄り添えるような仕事。すぐではないかもしれません。でもいつか絶対、言葉で仕事をしてみたいです。

今回、一緒に本を書いたメンバーの中に半分くらい、「普段本を全く読まないよ！」という子がいました。確かに今、スマートフォンで大抵のことを知ることができます。わざわざ本屋に本を買いに行こうとは、なかなか、ならないのかもしれません。でもそのままにしてほしくない。もったいない。本から感じること、学べることはたくさんあります。押し付けるのは違うでしょう。本を普段から手に取る人が「いいよ、いいよ」とすすめたって、限界がある。たしかにそうでしょう。

それでも、どうしてもここに書いておきたい。わたしはたくさんの人が本にふれて、言葉を感じてだれかに伝えたくなるような、そんな本の未来を求めます。たくさんの人というのは、もちろん普段は本を読まない人も含めて。難しいことを言っていると思います。だとしても、そうなってほしい。そうなるためにわたしができることがあるなら、すこしでもお手伝いしたいです。どうしてここまで思うのかな、と自分でも疑問を感じますが、それはきっと、わたしが今までの人生でたくさん本に救われてきたから。どこか恩返しをしたいような、そんな気持ちなのかもしれないです。

わたしは結局本が好きで、言葉に魅了されています。今回ここに書き連ねたことで自分の言葉を噛み砕くことができ、なにを思い、なにを大切にしたいかなど、自分の思いがわかったような気がします。

本を読むようになって得たことがたくさんあります。一つには、想像力、理解力、読解力などそういうもの。でも、そんな難しい言葉よりもっと、シンプルで、まっすぐこころに響く言葉たち。これは本に出合えなかったら知ることのできなかった言葉たちです。巡りあえていなかったら、わたしの今はなかったと思います。

この原稿はわたしの一生の宝となり、かけがえのないものになるでしょう。わたしを火葬するときにはこの本も一緒に燃やしてほしいです。大好きなみんなと、素直な言葉をあつめて作った本。そんな本と一緒に眠りにつけたら、これ以上幸せなことはないです。なんて、遺言みたいになってしまいました（笑）。将来結婚（することができれば）し、子供が生まれたときには「ママが書いたんだよ」と伝えます。また一つ夢ができました。

たのしかったな。わたしの言葉が、あなたのなにかになりますように。

わたしの本

『砂糖菓子の弾丸は撃ちぬけない』 桜庭一樹 著 （角川文庫）

この本の主人公、ド田舎の中学生であるなぎさは、超現実主義者。現実世界を上手に生きていくためには「実弾」が必要なのだと考えています。そんななぎさの前に転校生の美少女、海野藻屑が現れます。海野藻屑はなぎさと正反対に「砂糖菓子の弾丸」しか撃たないのです。なぎさにとっては意味のない、ただの嘘や妄想。唯一自分に興味を持たないなぎさに、藻屑は逆に興味を持つように。

正反対の二人が生み出す、ちょっと不気味で、おかしな物語。だけど最後には、「砂糖菓子の弾丸」を食べたくなってしまう。現実に飽き飽きしていた、そんな自分に希望を感じさせてくれた、思い出の作品です。

わたしの本

『ハニービターハニー』 加藤千恵 著 （集英社文庫）

次に好きになった作家さんは加藤千恵さんです。どの作品もわたしの毎日と距離が近くて、非常に親近感がわきました。だけどわたしの毎日にはない、ちょこっと刺激ある恋愛のお話が多くて、共感もできつつ、夢を与えてくれます。とんでもなく好きなのがこの本。この短編小説集の中の「甘く響く」というお話はとくに好きな作品です。これはぜひ読んでよさを感じていただきたいです。会話文のリズム感が本当に素敵なのです。すっごくリアルで、胸がきゅううと高鳴るのです。そんなことを書いていたら、また読みたくなってしまったのでもう一度読み返しました（やっぱり単純）。何度読んでも同じ感情がわき上がってくる不思議な作品です。

運命の本

横山らむ

長女として生まれ、両親と祖父母と一緒に暮らしていた私。おもちゃ、お菓子、習い事など「あれが欲しい」「あれがやりたい」と言えば、ノーと言われることは99パーセントありませんでした。家族全員が200パーセントの愛情を私に注ぎまくってくれ、そんな超生ぬるい人生を送っていた私でしたが、2歳の誕生日を控えたある日、爆弾が投下されました。妹の誕生です。

それまで何でもかんでも自分が一番だったのに、その日を境に私が一番ではなくなりました。私から一番を奪った妹のことが、私は大嫌いで、記憶には残っていませんが新生児の妹に目潰しをして、病院送りにしたことがあるらしいです。生後間もない妹は、両目に目薬をさしていたのだとか。それくらい、妹の誕生は私にとってマイナスな出来事でした。

とはいえ人間というのは、同じ屋根の下で暮らしていると情愛を抱く生き物のようです。私も人間です。不思議なことに、だんだんと妹が可愛く思えてきました。次第にお姉ちゃんらしいことをしてみたくなったり、人生の先輩感を見せつけたくなったりする（兄弟姉妹あるある）年頃にさしかかると、私は妹に本を読んであげるようになりました。

母が自宅で小さな学習塾をやっていた影響で他の子よりも少し早く文字が読めるようになっていたので、さっそく文字が読めることを披露。発表者、私。観客、妹。読解力の成長がかなり遅かった妹は、私が言っていることをまるでわかっていません。でも私の発表を見ると妹は笑いました。「絶対意味わかってないし」と思いながらも、私は観客がいれば満足なので、何度も何度も繰り返すことに。これが、記憶に残っている私と本との出合いです。

私が本を読むのは、何かヒントを得たいとき。

幼稚園生の頃、私は小動物が大好きでした。中でも断然ハムスターがお気に入り。私と同世代の人はほとんど見ていたと思えるほどの、『とっとこハム太郎』（河井リツ子著　小学館）の影響か、当時気に入っていた「チーコ」と名付けた真っ白なネズミのぬいぐるみの影響か、どちらが先だったかまでは覚えていませんが、とにかくハムスターが大好きでした。当然私は、たまらずハムスターが飼いたくなりました。しかしその頃我が家には、ラブラドールレトリーバーの「れのくん」と、おじいちゃんが捕まえてきたキジの「キジ太郎」が。おまけにおじいちゃんとおばあちゃんは、あんなに可愛いハムスターをネズミと呼び、「ネズミは汚ねぇ」と言い放つ始末。

鳥好きだったおばあちゃんは、おそらくハムスターをキジの餌くらいに思っていたんじゃないかな。数年前まではなんでも買ってくれた我が家の大人たちは、ハムスターだけは絶対に許してくれませんでした。もちろん今になってみれば、それにはきちんと理由があったということくらい理解しています。しかし当時の私はどうしても、ハムスターが飼いたかったのです。

そのうち、ハムスターについてもっと詳しくなって、ハムスターのプロになれば認めてもらえるのではないかと考え、飼育方法や特徴など、ハムスターについてのありとあらゆる情報を、私は本から得ることに。本物のハムスターを飼うことは許してもらえないながら、「ハムスターの本」ならいくらでも買ってもらえたので、おかげで家の中では誰よりもハムスターに詳しくなることができました。当時読んでいた本は、大好きだった「しげっち」というキャラクターが主人公の『ハムスター倶楽部』（めで鯛著　メディアファクトリー）くらいしか思い出すことができませんが、お気に入りのページは今でもなんとなく覚えています。

ちなみに、当時の私がどれだけハムスターが欲しかったかが、よくわかるエピソードをひとつ。

いくらハムスターについて勉強しても買ってもらえなかったので、私はとうとう諦め、自らハムスターを「捕獲」しようと企むようになりました。私が持っていたハムスターの本たち、自称〝ハム本〟の一つに掲載されていた、野生のハムスターの生息地。「空地の土の中」どこかで聞いたことがある情報じゃないですか？　そう……『ハム太郎』です。

『ハム太郎』の世界では、ハムスターたちは空地の地下ハウスに集まっているではないですか。その時に私は確信しました。空地の地下は、喉から手が出るほど欲しかったハムスターの宝庫……。

それからの私は、家にこもってハム本を読み漁る日々から一転し、ハムスターがいそうな空地を探すようになります。車でスーパーに行く時の窓から、友達と遊んでいる時にも、家の庭まで。さまざまな場所で、大人たちに隠れて毎日穴を掘り続けたのです。結局、野生のハムスターを捕獲することはできませんでしたが、これでいい。ハムスターが欲しいという気持ちから、買ってもらえないのであれば自分で捕まえる、という大胆な考えへと飛躍し、その行動を起こすことができたのは、すべてハム本のおかげ。ハム本を読んだことで私が得たのは、ハムスターを飼うためのヒントだけでなく、「熱中することの楽しさ」でした。

次に私が学びたいと思ったのは、「服」についてです。

中学生の頃、父と母の前職であるグラフィックデザインに興味を持つようになりました。俗に言うお勉強科目（数学、理科……特に英語）の成績は、学年で下から3番目くらいだった私。唯一5段階評価で「5」をとることができたのは、美術でした。中学から美術の授業が始まり、美術の才能が開花（血筋？）！　この時は正直、うぬぼれていました。とはいえ、ほかに秀でた才能もない私にとって、唯一自分が誇れるものが美術だったのです。デザインの仕事がどのようなものか、どんなレベルが求められているかももちろんわかっていませんでしたが、クリエイティブな仕事がしたいと自然と思うようになりました。

そんな時、とある漫画に出合いました。漫画の持ち込みが許されていない上に、なぜ学校があの漫画をチョイスしていたのか今でも不思議でなりませんが、私の通っていた中学校の図書室に、『NANA』（矢沢あい著　集英社）が置いてあったのです。

単行本の漫画を読み切ったのは実はこの時が初めてでした。早くに家族を失い、それでもがむしゃらに夢を追い続けるナナの姿。愛する蓮との関係も万事順調とはいえず、お互いの思いが届かないまま、二人は一生会うことができなくなってしまう。そして、そんなナナに憧れているもう一人の奈々。誰かに憧れることに必死だった当時の私は自分を奈々に重ね合わせ、そんな奈々の姿に憧れていました。物語の結末はかなり酷なものでしたが、切なさの中に、人を愛することの素晴らしさ、叶わないかもしれない夢を必死に追いかける姿の美しさを感じたのです。

勉強も部活もろくにせず、周りの大人たちに甘えたいだけ甘え、友達とくだらないことばかりして盛り上がっていたあの頃。毎日、楽しいという感情だけをエネルギーにして生きていた中学生の私が泥臭く生きる人々に憧れを抱いたのは、間違いなくこの漫画を読み切った時です。そして私はこの漫画の虜になり、矢沢あいさんの他の作品も読むようになりました。

『NANA』の次に読んだのが、『ご近所物語』（集英社）と『Paradise Kiss』（祥伝社）でした。ご存知の方も多いと思いますが、この二つの作品は、服飾の専門学校に通う学生の青春物語です。キラキラした部分だけを描いているわけではなく、現実的な苦悩も描かれていました。私はこの漫画を通して服の世界に引き込まれました。ここでもまた、必死にもがくキャラクターたちの姿が大好きで、何度も何度も読み返しました。矢沢あいさんの描く女の子たちは、どんなに意地悪なキャラクターでもみんな必ず可愛らしさを持ち合わせています。そっけなかった当時の私は、そんなキャラクターたちの可愛らしさにどこか憧れてもいました。いえ、今でもずーっとずっと憧れています。しかし当時の私は相当可愛くない中学生だったので、ただただつけあがっていました。「美的センスを持ち合わせている上に、皆が読まないような洒落た漫画を読んで感動しているわ・た・し」にひたる。情けない話ではありますがそんな私は次第に、幼く安易な考えながら服について学びたいと本気で考えるようになりました。

まず、自分も服飾の学校に行きたいと考え、母に相談しました。しかし、母は見抜いていたのでしょう。厳しい返答でした。この流れ、ハムスターを買ってもらえなかった時となんだか似ているような……。そこでわたしは自分の気持ちを確かめつつ、ヒントを得ようと漫画を読み返します。その物語の登場人物たちは、自分の好きなものに対して一途でした。私にはこの一途さが欠けている。だから伝わらないんだ。そう思った私は、本当に好きなものはなんなのか、探し始めました。絵を描いてみたり、音楽を聞いてみたり、本を読んでみたり。でも、しっくりくるものがなかなか見つかりません。私はここで諦めず、次のヒントを探します。さすがに漫画だけでは資料が足りない、美術書を開いてみよう。そうこうするなかで、脳みそをフル回転させた結論がこれです。

「変わった子になる」

驚かれたかもしれません。しかし、この答えこそ、私が本から得たヒントでした。『ご近所物語』の登場人物の中に、何かしら問題が起こるとピアスを開けたり、髪色を派手にする子がいました。その子のように、この子は他の子と違うのかもしれないと、まずは親に思わせることが必要だと感じたのです。さらに、芸術家と言えば個性的な感性は当然だろうと考え、この結論になんの疑いも持ちませんでした。今思えば相当恥ずかしい話ですが、この時は真剣でした。

実際に私がどのような行動に出たのかというと、まずは中学2年生の時に、漫画のマネをしてピアスを開けてみました。お小遣いとお年玉でやりくりしていたため、約1000円の出費はとても痛かった（ピアスだけに……）。両耳に開けるとなるとその倍のお金がかかる、そんな大金つぎ込んでいられない。そう考えた私は、画鋲でブスリ。相当痛かったはずですが、結局この穴はすぐにふさがってしまいました。

次に、皆とは違う趣味にはまってみました。カメラです。

カメラとファッションは何か近しいものがあると思い、フィルムタイプの一眼レフカメラを引きだしの奥からひっぱりだして、休みの日はシャッターを切りまくっていました。当時は一眼レフカメラを持ち歩いている若者はほとんどなく、確かに「変わった」中学2年生ではありましたが、これも安易な考えで始めたためなかなか上達せず、途中で飽きてしまいました。

私の人生の中で、本に影響された二つの出来事。

ハムスターを飼うことはできませんでしたし、服飾学校に行くこともできませんでした。中学生の頃の私は、こうなりたい、ここに立ちたいという強い気持ちと、なりたい姿を具体的に思い描き、立ちたい場所にしっかりと自分を重ね合わせることができなかった。本から情報を得て、自分なりに分析をし、行動したことは褒めてあげてもいいと思いますが、当時の私には本気度がまったくと言っていいほど足りておらず、要するに、なまぬるかったのです。

そして今、私は大学3年生の秋になり、就活を控えているはずでした。しかし就活を前にふと、留学することを決めました。これまでのように、ノリで自分の将来を決められないと気づいたのです。「ふと」決めたことなので、言葉にあまり説得力がないかもしれませんが、自分をもっと知りたい、そして、世界にはどんな人がいて、どんな文化があって、どんな暮らしを送っているのかを知りたいと思ったのです。

どこまで自分の力が通用するのか、異国の地で自分は何かを得ることができるのか、そんな力が自分にはあるのか。恥ずかしい話ではありますが、今の私には、社会に出る勇気がないのです。

社会に出る前の、私の挑戦。中途半端な気持ちで行っては、何も得られない。

そこで私は、まだ袋すら開いていない新品のスポンジのような自分を思い浮かべて、できるだけ多くの水を吸収するにはどうしたら良いかを考えるようになりました。再び、「ヒントを得たい時」がやってきたのです。しかし今回は、どんな本を読めばいいのかまったく思いつきません。探してみたものの、なかなか惹かれる本に出合えません。そこで、自分が今まで読んできた本に何かヒントがあるのではないかと思い、読んできた本を思い返すことにしました。

高校生の時の朝読書の時間。教室には何冊かの本が並んでいて、本を持ってきていない子はその教室の本を読んで時間を過ごします。私は本が好きだったので、毎回自分の本を持って行っていましたが、ある日、朝読書の途中で自分の本を読み終えてしまいました。そこではじめて、自分で選んだ本以外の本を読んでみました。その本は、女子大生が急に旅に出る『ガンジス河でバタフライ』（たかのてるこ著　幻冬舎文庫）というエッセイでした。

最終的な目的地はインド。英語が堪能なわけではなく、現地に友達がいるわけでもない。今の私と少し似ている気がします。当時なんとなく読んだ本だったので、内容を鮮明には覚えていませんでしたが、ラッキーなことに本のタイトルを覚えていた。誰かに勧められたわけでも、自分で選んで買ったわけでもない本。この本と高校時代に出合っていたことは運命かもしれない。早速本屋に向かい、約5年ぶりにその本を手にし、読み始めました。

かなり衝撃的なことが書かれていて、当時も夢中になって読み進めたことを思い出しました。今回も同じでしたが、高校生の頃と今では、楽しいと思える箇所が違うと感じることに。そして、この本には、私の探していたヒントがたくさん隠されていました。この一冊さえあれば大丈夫！　と言い切れるくらいの、宝物の一冊でした。この本から得たヒントを、留学先でどのように生かせるのか、目的が達成できるのかはわかりません。でも、ハムスターの時や服飾学校の時とは違うような気がしています。これも単なる私の勘ですけど。

何かヒントを得たい時、本を読んでみると自分と向き合うことを楽しく感じたり、ずっとできなかったことが勇気を出してできるようになったり。物事が急にうまくいくことは、なかなかないかもしれません。でも、いくつかの本を読んでいくと、その中で運命の一冊と出会えることがきっとある。自分が大きく変わったり、成長したりすることができます。本にはそれだけのパワーがあるんです。

これについては、私の頼りない勘ではありません。実際に経験したことです。はじめは超がつくほどのわがままで、甘ったるい人生を歩んでいた私。でも、本があったからこそ、できないことができるようになった。一つの目標を達成できなかったから終わりではない。目標を達成するまでの道のりの中で、自分では気づいていなくても、必ず前に進んでいます。だからこそ、運命の本と出合うまで、粘り強くページをめくり続けてみてください。

『ガンジス河でバタフライ』は、実は私もまだ、この本が自分にとって運命の本なのか正直わかりません。でも少なくとも、この本からヒントを得たことで、将来に期待を持てるようになった。自分の糧になりました。

「運命の本」は、どんどん増えていくことだって、あるのかもしれません。私はまだまだこれからも、本との出合いを楽しもうと思います。

わたしの本

『ガンジス河でバタフライ』 たかのてるこ著 （幻冬舎文庫）

この本の著者は、一人旅に憧れを抱く大学3年生。でも、なかなかその夢を叶えられずにいます。私も、海外で暮らしてみたいという夢を中学生くらいから持ち続けてはいましたが、自分とは縁のないことだと思っていました。

理想を現実につなげるのはとても難しい。就活を目前にするとなぜか目の前のことすべてにタイムリミットがあるように思えてきたり、これから先のことを妙に現実的に考えてしまったりと、夢を見ることを難しく感じるようになりました。心にそんな余裕を持つことができない。でも、それと同時に、そんなことを考えることができるのは、今しかないのでは、と焦ることもあります。

就活前だけでなく、人は誰もが、自分は何をしたいのか見つめる時間が必要です。この本は、そんな時間のおともにぴったりです。著者の体験がそのまま書き綴られているだけなのに、不思議と勇気が湧いてきます。そわそわして、動かずにはいられなくなります。

旅をするのが好き、やりたいことはあるけれど勇気が出ない、自分に自信が持てない。そんな、一歩を前に踏み出せないあなたの背中を、力強く押してくれます。

わたしの本

『星の王子さま』サン＝テグジュペリ著（新潮文庫）

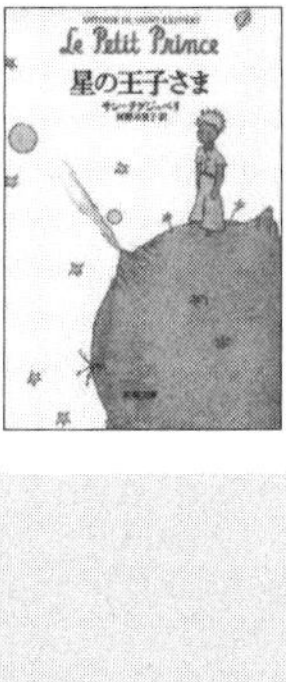

私が推薦せずとも、世界中で親しまれ愛されている本ではないでしょうか。自分もそんな読者のうちの一人です。

正直に伝えること、正直に伝えられること。

相手を想うこと、相手から想われること。

最近ふと、こんなことを考えるのです。

「しんぼうが大切」

すぐに結論を求めるのではなく、最初はじっと座っているだけ。何も言わずにちらっと横目で様子をうかがってみる。

「ことば」はとても便利で繊細で、ころころとかたちが変わります。それはまるで水のように、一滴の墨汁で黒ずんでしまったり、時には誰かの命を救ったり奪ったりもする。だからこそ、上手に使うことができればいいけれど、下手に使うと取り返しのつかないことに……。

だから、最初はじーっと座って様子をうかがうことも大切なことなのです。

キツネの「しんぼうが大切だよ」。このことばが今のわたしにはとても大切なこと。しんぼうとは、決して嫌なことを我慢することではありません。つらいことではありません。目には見えない、大切なことが私とあなたとの間で生まれるかもしれない。そんなワクワクな時間なのです。

でも、しんぼうしている時は、ときにさみしい気持ちになったり、悲しくなったりもします。この本は、そんな時にぜひ読んでいただきたい一冊です。

本＝私かもしれない

原佑誓

保育園に通っていた時の私は他の友達に比べ、字の読み書きができるようになるのが遅かった。そのため、保育園の先生にいつも絵本を読んでもらっていた。中でもお気に入りだったのが青と赤のとんがり帽子とつなぎがトレードマークの、『ぐりとぐら』（なかがわりえこ著　福音館書店）だ。物語の途中にあるカステラは魅力的で、よくおやつに作ってもらっていたのを今でも覚えている。

小学校に上がり、字の読み書きの勉強が本格的になった。毎日簡単な文章のなぞり書きドリルを行って、少しずつ読み書きができるようになってきた。放課後に強制的に課せられる学校の掃除タイム。日中から掃除機を校内中にかけているパートの方々がいるのに、なぜもう一度やるのかと、当時の私はひねくれていた。しかしその掃除タイムでも1か所だけ好きな当番があった。それは図書室の掃除だ。

そこら中に興味をそそられる本がたくさんあった。中には小学生が読めるとは思えない分厚い本、『ハリー・ポッター』（J・K・ローリング著　静山社）やSFの長編物、

『ファーブル昆虫記』(ジャン・アンリ・ファーブル著)、『三国志』などがあり、これらを読んでいる人はみんな眼鏡をかけていて、100%頭が良かった。対照的に私は、『図鑑NEO』(小学館)というシリーズが好きだった。全国の恐竜や爬虫類、昆虫などが数多く載っている、あの図鑑だ。「細かいところまで掃除をしている子」を演じながら、私はたびたび端っこで図鑑を眺めていた。同じ班の女の子によく怒られていたが、それでも月に1回の図書館掃除は楽しかった。本を読む時間は、この図書室での掃除の時だけ。なぜなら中休みは外でドッジボール、放課後は友達と外で遊ぶ時間。これを削ってまで図書室に行くという選択肢が、当時の自分にはなかったのである。

そんな私には、本にまつわる、色濃い記憶がある。家族と仲がとてもいい私は、特に直美(母)に小さい時から毎週のように水族館や動物園、近くのゲームセンターへと連れて行ってもらっていた。今でも映画館や買い物、銭湯、20歳を過ぎてからは飲みにも行くようになった。

直美とのいちばん印象に残っている思い出。それは一緒に寝ていた時、毎晩のように『かいけつゾロリ』(原ゆたか著 ポプラ社)を読んでくれたことだ。ちなみにこの『かいけつゾロリ』を書いた人とは苗字が同じなので、当時小学生だった私は、父がペンネームを使って書いているのだと思い込んでいた。この『かいけつゾロリ』のお話を聞きながら眠るのが好きで、直美はどんなに疲れている時も欠かさず読んでくれた。たまに読んでいる途中で、疲れている直美が寝落ちしてしまうことがあったが、私はすかさずほっぺを叩いて起こしていた。今振り返ると、反省している。

毎日読み聞かせてもらったので、持っている本をすぐに読み終えてしまっていた。それでどうしたかというと、直美は自身で物語を作り始めたのである。情景やお題を言うと、3秒後にはそれに合わせた物語が始まっている。今思うとすごくクリエイティブな母親だ。『かいけつゾロリ』のネタが尽きた後、私は、運動神経抜群のキツネと頭が良いキツネ、何も得意分野がないがムードメーカーでみんなの笑いもののキツネを主人公にした『ズッコケキツネ三人組』という物語の設定を作り、また直美にお話を作ってもらっていた。なぜ主人公がキツネなのかというと、私は目が細く教科書にキツネが出てくると、似てる、似てると言われていたからだ。目尻に手を当ててキツネの物真似をよくしていたため、キツネに愛着があった。だから主人公をキツネにしたのである。のちに知ったことだが、直美も小学生の時にキツネというあだ名があったらしい。こうして毎晩、二度とないその日限りの本を「読み」聞かせてくれていたわけだが、隣にいる父はというと、いびきを毎日がーがーかいていた。

小学3年の夏休み。私の目の前に重くのしかかったのが読書感想文だ。それまで本の感想を文章で書いたこともないし、図鑑と絵本しか読んでこなかった私に原稿用紙2枚の感想なんて、到底無理だと思われた。しかし、それでも宿題は宿題。先生に怒られたくない一心で、一生懸命、自分の数少ないボキャブラリーを全部駆使して、やっとのこと原稿用紙を埋めた。書き終わった後は、達成感に満ち溢れたような感覚だった。と同時に、少し楽しかったと感じることもできた。こうして読書感想文を制した私は、残りの夏休みを思う存分遊びまくった。

夏休みが終わって1か月後、私は担任の先生に呼び出された。びくびくしながら先生のもとに行くと、机に私が書いた読書感想文が置いてあった。そこには、はなまるに植木鉢がくっついていて、太陽まで描かれていた（当時の担任の先生が、良くできた宿題などに描く最上級の評価）。私はびっくりしたと同時にものすごく嬉しかった。すぐさま、家に帰って母に10回くらい自慢して、お小遣いをもらったのを覚えている。この時初めて本を好きになった……と言いたいがそんなことはなく、やはり外で遊ぶことが1番、次に本を読むのは1年後の夏休み、読書感想文のためであった。

朝の会の10分間の強制読書時間、先生に注意を受けながらも、私は恐竜図鑑やアンデルセン童話など、絵が大半を占めるものばかり読み続けていた。中休み・昼休みになれば毎日チャイムの瞬間に外に走り出し、大好きなドッジボールで遊ぶ。放課後はランドセルを玄関に投げ捨て、自転車で公園にいき、駄菓子を食べたり、友達の家に向かったり。

そんな、本とは無縁の生活を送っていた私が夢中になった本が1冊だけある。それは鳥山明さんの『ドラゴンボール』（集英社）だ。小学校5年生の時、私はサッカーの試合中に骨折をしてしまった。近くの接骨院に通うことになったのだが、施術中の暇つぶしとして担当の先生が『ドラゴンボール』の漫画を持ってきてくれたのだ。文字嫌いの私でも読みやすく、ストーリーはハラハラドキドキ。小学生にとっては興奮が止まらない戦闘シーンが盛りだくさんだった。

施術は毎回1時間ほどで、週に2回ほど。私は怪我を治すというよりも、ドラゴンボール全42巻を読破するために接骨院に通った。その世界観にどハマリし、怪我が治ってほしくないとまで思った。結果的にドラゴンボールを読み終える前に怪我が治ってしまったのだが、担当の先生が「読み終えるまでここに来てもいい」と言ってくれ、私は無事に全巻を読み終えることができた。

ドラゴンボールの中で好きなシーンは、主人公「孫悟空」とそのライバル関係にあった「クリリン」が一緒に修行をする場面だ。孫悟空は武術の達人「武天老師（亀仙人）」に出会い、修行をさせてもらえることになる。ちょうどその頃、東の村の寺で「女の子にモテたい」という動機で修行をしているクリリンが寺を出て、亀仙人のもとにやってくる。こうして孫悟空とクリリンの厳しい修行が始まる。亀仙人が二人に課すのは「牛乳配達」や「素手で畑の開墾」、「土木工事」と実践的な武道の技術とは無縁と言える修行ばかり。しかしこの修行には、亀仙流の基礎となることが盛り込まれている。強くなりたい一心で毎日毎日修行を積み、悟空とクリリンはこの武術の基礎の反復によって、地球を守る存在となる。私はこのシーンが一番好きだ。

一見、ただの戦い好きの集団が敵と戦闘を繰り返していくストーリーのようだが、師弟や仲間同士での友情はとてもあつく、仲間の一人が危険にさらされれば、すぐに遠くからでも全員が駆けつけてくる。第12巻でクリリンがピッコロ大魔王の手下「タンバリン」に倒され、悟空はすぐさま敵討《かたき》ちに向かい、見事勝利することになる。しかしその後、破壊と殺戮《さつりく》を好むサイヤ人ラディッツが地球に来襲し、悟空は激しい戦いを繰り広げるが、ラディッツに敗れ、倒れてしまう。このシーン、私はクリリンとともに涙を流した。

「かめはめ波（孫悟空の必殺技）」を撃ちたいと思い、毎日手と手を合わせてポーズをまねていた。枕を「筋斗雲（孫悟空が乗っている空を飛ぶ乗り物）」に見立てて飛んでいる気分を味わった。

そして今でも、フリーマーケットやリサイクルショップでドラゴンボールのグッズを見ると胸が躍るし、わくわくにやにやしてしまい、気づいた時にはフィギュアを片手にレジに並んでいる。古着屋に行ってドラゴンボールのTシャツを見る時も興奮する。ピッコロみたいに髪を緑に染めたり、悟空の道着をまねてオレンジの服に青のワンポイントで街を歩いたり、生活に深くかかわっている。私の洋服にオレンジ色が多いのは、ドラゴンボールが影響しているのかもしれない。

孫悟空は、大抵のことを「ま、いいか」で済ましてしまう。元気で明るく、物事を深く考えない性格で、365日24時間、今・この瞬間を楽しみながら生きている。そんな悟空の生き方に惚れている地球人の一人が私だ。「今を生きる」のは、過去でも未来でもなく現在という今一秒一瞬を生きること。過去の失敗や過ちにしばられ今を楽しめていなかったり、将来の安定や先のことばかり気にして、未来にばかり気持ちが向いている人が多くないだろうか。その結果、今この一秒一瞬を楽しめていない。私にとって今を存分に楽しみ抜くことは最優先事項だ。なぜなら大学生活はもう二度とこない。自分の時間が比較的多いこの時期は、楽しむことだけ考えればいい。もし孫悟空が私と同級生であったなら。私たち二人で、毎日武道大会でもしていただろう。

孫悟空は、どんな時も常にワクワクしている。それは大好きなことをやり続けているから。孫悟空に限らず好きなことをしている人は輝いて見えるし、人生を楽しんでいる。私もそんな人生を送るために絶対に妥協しない。自分が大好きなことを毎日できることが最大の幸せで、それこそが最高のパフォーマンスに繋がると確信している。

次に私に本を読む機会が訪れたのは、高校生の時だ。通学の時間を利用してなにか暇つぶしができないかと考えてみると、スマートフォンでゲームをすることもできたし、動画を見ることだってできた。しかしそこで私が選択したのは、小説を読むことだった。電車の中で本を読んでいる人は頭が良さそうに見えて、そんな人に少しだけ憧れていたからである。

そうして私は往復の計30分間を、本を読む時間に充てた。最初に読んだ小説は、箱根駅伝をテーマとする三浦しをんさんの『風が強く吹いている』（新潮文庫）。初めて本屋さんで自分で本を選び、自分のお金で買った。いざ車内で読み始めてみると、今までの本のイメージをガラッと変えてくれるくらい夢中になった。夢中になりすぎて降車駅を乗り過ごすこともしばしば。それからというもの、読み終えては次の本を買いに行き、いつのまにか車内での過ごし方は読書と決まり、遊びに行く時などにもバッグに入れていくくらい、本が好きになった。

本を読んでいる時間はもちろんだが、本が好きになってからは本屋さんに行くことも好きになった。今までは受賞したものやメディアに取り上げられたものなどを買うことが多かった。そもそも本の選び方がわからず、そういうものに頼っていたのである。しかしさまざまな本を読んでいく中で、自分が好きなジャンル、作者などが徐々に出始め、自分で本を選ぶことができるようになってきた。ちなみに私が好きな本のジャンルは、エキサイティングな内容の、小説やヒューマンドラマだ。こうして高校3年間の通学時間は、どうしても眠い時やテスト前以外は、読書に費やした。

大学に入り通学時間は片道約1時間になった。高校時代に比べ格段に読書時間が増えると思ったが、実際には大学に入学してから本との距離が遠くなってしまった。では今まで読書に充てていた通学時間は何をしているのかというと、ドラマや映画を鑑賞している。月額固定のストリーミングサービスがあり、ドラマや映画などが数千本も用意されている。スマートフォンに好きな作品を家でダウンロードをすることで、好きなタイミングで電波を使わずに再生できる。このサービスを利用し始めてから、電車の中では好きな映画やドラマを鑑賞するようになってしまい、本を読む機会がなくなった。

しかし、本との関わりがなくなったというわけではない。私は大学に入り音楽と洋服について、より興味関心を抱くようになったのだが、本屋に行って音楽と洋服についてのさまざまな本・雑誌を見るようになった。昔のファッションや音楽が好きなので、レトロな本を求めて古本屋を訪れる機会も増えた。古い雑誌を見ると、雑誌のレイアウトや文体・言葉遣いなど、今のものとは全く違う。その時代の流行をページから感じることができ、タイムスリップしたような感覚さえも味わうことができる。今では奇妙と思えるような、当時流行したファッションについての記事があれば、一方で時代を超えてもかっこいいと思えるスタイリング、モデルが存在していて、とても面白い。私が古本屋に感じる魅力はここにある。

こうして本のことを書いていると、本には決してネットを見ているだけでは得られない「知識」が豊富に盛り込まれているのだと気づいた。ネットで調べた場合、確かに欲しい「情報」に簡単に素早くたどり着くことができる。しかしそれでは興味のない話題、分野に触れる機会がなくなり、知識の幅を狭めてしまうだろう。読書は、普段使わない言い回しに出合うこともでき、さらには興味関心の分野を広げるきっかけにもなってくれる。実際、今私が夢中になっている「古着のリメイク」のヒントなど、こうした本や雑誌からインスピレーションを得ることも少なくない。洋服や靴にブリーチ剤をかけて模様を作ったり刺繍を施したりして、世界にひとつだけの服を作っている。

スマートフォンでなんでもできるこの時代に、紙の重要性に気づかされた私にとって、これから先の人生を楽しくハッピーに過ごすためにも、読書は欠かせなくなるだろう。将来、私がまた過去を振り返った時、たくさんの本に出合っていたいと、心から思っている。

そもそも本とはなんなのか。

漢字の「本」は、「木」という漢字の中心線の部分のやや下寄りのところに短い横線で印をつけることによって、樹木の根元を表している。これが日本では「ものごとのおおもと」という意味を表すようになった。私というものごとのおおもと。私の人生も母のおなかの中にいる時から始まり、今は22ページ目。

ならば、人生そのものも「本」と言えるのかもしれない。

わたしの本

『POPEYE　二十歳のとき、何をしていたか?』

2017年3月号（マガジンハウス）

さまざまな業界で活躍している著名人に対するインタビューが載せられていて、20歳の時に何をしていたか、考えていたことなどが語られている。この特集の最初に載せられている言葉に、私は感銘を受けた。「〝偉業〟の始まりが二十歳にあるという人は多かったりする。〝大事〟をなすことのみが〝素晴らしき人生〟ではないし、人生のすべてが二十歳で決まってしまうわけではない。でも、二十歳のときに必死で頑張ってみたり、何かを始めてみるのは、きっといいものだ」。今まで、成功を収めている人は20歳までには自分で行動に移し、実行してきた人ばかりだと思っていた。しかし実際には「20歳の時には好きなことを追求して遊んでました（笑）」という人が多くいて、意外に思えた。

わたしの本

『風が強く吹いている』

三浦しをん 著（新潮文庫）

「走るの好きか?」。清瀬灰二の一言によって主人公の蔵原走《くらはらかける》は竹青荘に住むこととなる。走は、高校時代こそ長距離の陸上で活躍していたが、事件を起こして陸上界から距離をおいていた。足の速さを武器に万引きをしていた走を灰二が見つけ、10人目のランナーとしてスカウトしたのだ。

走が竹青荘で出会った8人と箱根駅伝を目指していく、青春小説である。読むと、まるで自分も一緒に走っているような、その場にいて沿道で応援しているような気持ちになる。箱根駅伝の場面は心理描写も絶妙で、10人それぞれの、自分自身と向き合いながらこみ上げるものがひしひしと伝わってきた。十人十色の気持ち、思いを感じることができ、本当に感動した。

一冊の本の影響力

瀧　彩里奈

　私は１９９６年10月12日のねずみ年生まれ。幼稚園に入るまでは東京都の町田市に住んでいて、幼稚園に入園した頃は身体が弱く、遠足は一度も行ったことがないし、幼稚園の行事の一つにあるお泊り会では一日中泣いて先生を困らせていたくらいに、人見知りで寂しがり屋だった（16年が経ち、今ではむしろ誰にでも声をかけていると危険な目に遭うよ、と言われるくらいに怖いもの知らずの女の子になった）。

　身体がとても弱かったので、鍛えるために水泳を始めた。初めは嫌々通っていた習い事だったが、週に2、3回通い自己タイムを出すことに楽しさを覚え、気づけばチームの中心的存在。水泳のおかげで一つのことをやり遂げる楽しさが癖になった。一度やると決めたらとことん最後までこだわるようになったのもこの頃からだ。水泳は自己ベストを更新するために常に自分と闘う。弱虫だった私はいつの間にか負けず嫌いになっていた。今の自分の性格や身体の強さを作ったのは水泳だと思う。水泳に通えたことを心から感謝している。

そんな私は大学に入るまで、本を読まない人生を送ってきた。水泳を始めたころからとてもアクティブになった私は、落ち着いて本を読むことなんて考えられないし、図書館や本屋に行くという発想もなかった。気づいたら本が苦手で無意識に本を避けるようになっていた。

しかし、大学生になって少しずつ利用するようになったのが図書館だ。当初は本を読みに行くためではなく、課題をしたりパソコンを使ったりするために利用していたのだが、地元に日本一と言われている大和図書館ができたことで、その中に入っているカフェで課題をやったり、占いなどの本や雑誌を借りて、ドリンクを飲みながら読書したりすることがちょっとした楽しみになっている。図書館の利用者カードなんて持ったこともなかったのに、今では常にお財布に入っていることに驚く。

最近、「こんな本屋があったら愛用するのにな」という想像を頭の中で膨らませている。図書館や本屋をもっとテーマパークのようにしてしまえば、本が苦手な子供や大人も楽しむことができると思うのだ。建物は5階建て屋上付き。屋上は芝生の広場にお店が並んでいる。時期に合わせて夜はビアガーデンになったり、冬の時期は星座鑑賞会が行われたりもする。5階は露天風呂やくつろぎの場所。露天風呂やサウナでも本が読めるように、防水専用カバーを用意して無料貸出をする。4階は映画館。ここにも工夫があり、スクリーンを使って映画に限らず最近はやっているドラマや本やデートスポットなどを紹介するムービーが流れたり、時には有名人を呼んでトークショーなどが行われる。3階は「1日子育て休暇」をとれるシステムを作り、お父さんとお母さんが子供を預けて安心して身体を休めることができる施設を作る。それに、ゲームセンターとレストランも作る。2階が大きな図書館だ。就活生や受験生にも利用して欲しいので、過去に使っていた参考書や教科書のリサイクルブースを設ける。そして1階は本を読む場所とカフェ。ここでは本を読んでいる時間を楽しめる工夫が凝らされている。

いつかこんな楽しい図書テーマパークができたらいいのに。

この本を書くにあたり、プロジェクトリーダーのある言葉が私の考え方を変えてくれた。「きっと皆の言葉は誰かしらに響くから」。それを聞いて、私のこれまで生きてきた21年間を振り返り、誰か一人にでも共感してもらえるなら、その人の心に残る本を書こうと決心することができた。

図書館で本を探していると、1冊の本が目に留まった。それは『**大丈夫！　キミならできる！**』（松岡修造著　河出書房新社）という本だった。読んでみると私の21年間に起こった出来事や成長を重ね合わせることができた。心に響いた言葉がたくさんあった。その中で3つの言葉を紹介したい。

1つ目は「ビリはトップ！　最高のスタートダッシュ」というもの。

私は中学時代ソフトテニス部に所属していたが、私たちの代にはテニスの経験者や、中にはお父さんがテニスのコーチをやっているなど、1年生の頃からある程度力のある人たちが集まっていた。でも私はラケットさえ握ったことのないド素人。硬式テニスはテレビで見たことがあったが、軟式テニスなんて見たこともなかった。要するに「ビリ」からのスタートだ。入部したての頃は外周ランニングをして筋トレ、素振りというつまらないメニューばかり。テニスのできる人たちにとっては苦痛の毎日だったと思う。でも私はできる人たちに早く近づきたくて、1つ1つのメニューを必死にやっていた。皆と同じメニューをやっていてはだめだと思い、家に帰ってからも筋トレのほか素振りを100回、近所の周りをひたすら走り込むというのが習慣になった。するとだんだんチームメイトとも打ち合えるようになり、試合でも勝てるようになった。私は器用ではないから人より飲み込みも遅いが、コツコツとした継続する力が自分の強みだと思う。むしろ「ビリ」にしか味わえない楽しみや、上達していく喜びを知っているから、修造さんの「ビリはトップ！　最高のスタートダッシュ」にはとても共感できた。この言葉はつまずいた時の最強のエールになっている。

2つ目は「球拾いから逃げるな！　拾って拾って拾いまくれ！」という言葉だ。

私は大学生になったら自分のやりたいことを思う存分やってやろう！！！！　と

誓っていた。そして念願の入学を果たし、オープンキャンパスのスタッフにも合格することができて、先輩の背中を必死に追いかけた。でも初めは自分の意見も思ったように言えず、言われたことを言われた通りに淡々とこなしているだけ。活動を続けて3年目、辛くて何度胃腸炎になったことか。数えきれないくらい泣いて、何回枕に頭をくっつけ「バカ野郎ー」と叫んだことか。極めつきにある先輩から「こんなにつまらないプレゼンを聞くのは初めてだ、眠くて仕方がなかった」と言われて、今までにないくらいに悔しかった。そんな頃、ある人から「あなたらしくもっと暴れていいんだよ」と声をかけてもらった。その言葉で楽になった私は、それから無我夢中で活動に取り組めるようになり、3年生となった今、たくさんの「球拾い」を頑張ってよかったと思えるようになった。1、2年生ではなかなか報われず、頑張っている自分がバカバカしくなった時期もあったけれど、先生や先輩、同期からだんだん評価してもらえるようになり、今ではリーダーを任されることもある。何よりいちばん嬉しかったのは、友達から「あなたは努力家だから大丈夫だよ」と言われることが多くなったこと。後輩が私のことを「あの人は鉄人だ！」「どんなに大変でもなんであんなに笑顔でいることができるんだろう」と言っているとも聞いた。それを知って、頑張るだけでも誰かが見てくれているのだなと思った。

3つ目は、「一生懸命に、どんな時でも、ひとつの所に命をかけなさい」。

私はこの言葉に心から賛成だ、この言葉を絶対に忘れてはいけないと思う。

その意味で、私の、この大学に入る時のエピソードをここに書いておこうと思う。

高校生時代、進路担当の桜井先生に産業能率大学をすすめられた。大学名を聞いた時に「私は将来農業をやるんですか?」と聞いたことを今でも覚えている。でも桜井先生に「お前と会った時から絶対にこの大学が合うと思っていたから、とりあえずオープンキャンパスに行ってこい」と言われ、嫌々見学に行った。すると、オープンキャンパスのスタッフがとても輝いていて、私もこのスタッフになって高校生に夢を与えるんだ! と、一瞬で心に決めた。

それから私はAO入試で受験することを決め、オープンキャンパスやイベントのすべてに参加した。産業能率大学では学生が主体となってイベントを運営していて、私含めて来校する高校生も最後まで飽きることなく、次も行きたくなるような企画やもてなしがピカイチだった。今や産能のスタッフ側として活動しているので、毎回、来場者の見えないところでたくさん悩んで苦しんで、企画、開催されているこのイベントは、〝素晴らしい〟の裏側で多くの人が関わり苦労してつくり上げられているのだと、改めて知った気がする。

いよいよ入試という時。作成した自己記述書を湘南キャンパスの入試担当の先生に頭ごなしに否定されたことに私は腹をたて、なぜこのような内容を書いたのかなど、こと細かくその担当者に詰め寄った。相手も負けじと言い返してくるので、私たちはひたすら言い合いをした。

この大学では、AO入試本番前の練習に、「プレエントリー」というものが設けられているのだが、ここで大学の定めている基準を満たした人は、本番の面接が免除になり、後は書類選考のみとなる。このプレエントリー前日のお昼、私が言い争った大学の先生が、何と私のいる高校に押し掛けてきた。内容は「あの子は自分をしっかり持っていて素晴らしい。でも時にはその〝我〟が強いことがマイナスになる場合もあるから、その部分をただすことができればきっと進める」というものだった。

そして、翌日。このプレエントリーで通る人は1割にも満たない。私はラッキーなことに、プレエントリーに通り、無事に今の大学に入学することができた。

この話は今でも大学の入試担当の方から話のネタにされるが、あの湘南キャンパスでの本気がなかったら、もしかしたらこの入学は叶わなかったのかもしれない。

今回この松岡修造さんの『大丈夫！　キミならできる！』を読むことで、忘れかけていた昔の気持ちや想い、忘れてはいけない初心を思い出した。1冊の本が誰かの心に影響する力はすごい。今日は初めて本に感謝する日になったな。

この松岡さんの本のこと、自分のこれまでを思い出すこと、これらのことは、就職活動にもとても役に立った。過去の私に伝えたい。「とにかくありがとう！！！」と。

間違いなく、これまでの自分の苦労や奮闘を確認できたことが今、就職活動に大いに役立っている。人よりどんなに打たれても負けずに頑張ったと自信を持って伝えられるし、自分が体験した出来事を話すと、面接官がかなり興味を持ってくれた。このことに気付くことができたのは、この本に関わることができたおかげだ。

わたしの本

『ＹＡ！　あなたはあなたのままでいい』

宇佐美百合子 著（ＰＨＰ研究所）

この本の中で特に心に残った一文がある。「この世に、役に立たない存在なんてありません。あなたは必要な人だから生まれてきたんです」。就活を進める中で、自己分析をすることがある。その時、自身について考えるとネガティブになってしまう人が少なくないと私は感じている。この本では「川原の石ころだって、その場所に存在する意味があります。知らないところで他の石を支えたり、川原で遊ぶ子供の投げ石になったり……」と書かれている。私も、自分がこの組織にいる意味なんてあるのか、と考えたことが何度もあったけれど、これを読んで、自分の明るい性格で組織の場が和むと考えたら、私にも価値があると思うことができた。自分にはここにいる意味があるということを考えられる本だと思う。

わたしの本

『犬と私の10の約束』

川口晴 著（文春文庫）

私はチワワを飼っていて、名前はメープルという。メープルは人間と話せない。でも、私はメープルの気持ちを読み取ることができる。私が出かける時はしっぽと耳を下げ私の後ろをずっと追ってくる。私が落ち込んでいる時にはずっと寄り添って、まるで「大丈夫だよ」って言ってくれているよう。犬と私の10の約束の5番目に「私にたくさん話しかけてください。人の言葉は話せないけど、わかっています」とあるけれど、これはそうした自分の経験からも実感できた。それから約束の3番目の「私にも心があることをわすれないでください」。犬に限らず、動物を飼うことの責任について改めて考えることができた。動物を飼っている人はこの本を読んで、今まで以上にもっともっと愛情を注いでほしい。

本棚をつくる

中島 歩

昔から恥ずかしがり屋な私は、自分の意見を言う時にモジモジして挙動不審になってしまい、人前で堂々と語ることなど滅多にできません。その代わりに、表情に頼ってしまうことが多くなります。それでも、思っていることと違う受け取り方をされることが少なくありません。でも、いちいち自分の本心を伝えたりせず、誤解だとしても、そのままにしておくことが多いです。なぜなら、説明するのは面倒だから。

そんな私は最近、自分専用の本棚をつくりたいと考えはじめました。面倒なことが嫌いな私も、好奇心だけは旺盛です。大学1年生の時には弾き語りをしてみたくて、ネットで見つけた一番安いエレキギターを買いました。楽譜も読めないくせに始めたものだから、チューニングすらできません。その上、リズムをとることも苦手でダンスもできません。それでも、ギターはそれなりに楽しむことができ、今も部屋に飾ってあります。

本棚をつくりたいと思ったきっかけは、ある1冊の本です。江戸川区篠崎にある、

『読書のすすめ』という本屋さんの方におススメしてもらった『書斎の鍵』（喜多川泰著　現代書林）。とにかく装丁がカッコイイのです！　真っ黒な表紙に白い文字、金色の鍵マークがあり、高級感が漂っています。本や漫画は基本、カバーをつけてもらう私が、この本はつけないでおくほど、お気に入りになりました。著者の名前をなかなか覚えられない私ですが、喜多川泰さんの名前をしっかり覚えているほど、気に入った一冊です。

この本を読んで、自分だけの本棚をつくりたいという衝動に駆られました。本当は書斎が欲しいけれど、自分の身の丈を考えると本棚が限界。まっさきに、今手にしているこの本をその本棚に入れようと思いました。本棚をつくるきっかけをくれたこの本に感謝して、自分にとって最高の本棚をつくろうと決心した時でした。

最高の本棚には気に入った本だけを置くと心に決めた私。選んだ本は、『パスワードは、ひ・み・つ』（松原秀行著　講談社）のシリーズと、『霧のむこうのふしぎな町』（柏葉幸子著　講談社）、『嫌われる勇気』（岸見一郎、古賀史健著　ダイヤモンド社）、『7つの習慣』（スティーブン・R・コヴィー著　キングベアー出版）、『フランス人は10着しか服を持たない』（ジェニファー・スコット著　だいわ文庫）、『書斎の鍵』、その他小説（主に推理小説）等の30冊程度でした。本棚の完成はまだ先。読み終わった本も少なく、本棚も買っていないので、現状はというと、タンスの上に積み重ねられているというお粗末な状態ではありますが。

幼い頃、外で遊ぶことが大好きで男の子のようだった私は、まったくと言っていいほど本を読むことに興味を持っていませんでした。そんな私が本に興味を持ち始めたのは小学校3、4年生の頃。きっかけは授業の一環で図書室を利用したことでした。クラスのみんなで図書室に行き、調べものをしようというもので、この授業のおかげで図書室での本の借り方を知ったくらいです。初めて図書室に入った私は、静かで張り詰めた部屋の空気に少し緊張し、「怖い」という印象を持ちました。しかし、30人ほどのクラスメイトが一気に図書室に流れ込むと、静かで怖かった部屋が一瞬にしてにぎやかに。いつもの教室のようで、安心できました。これが記念すべき図書室デビューです。図書室に慣れるうちに、読んだことのない本たちを眺め、本棚を物色しながら一周しました。結局手に取りたい本は何も見つからず、友達が座っている席の隣に座ることに。友達が見ていた図鑑を一緒に見て、雑談をしながらただ時間が過ぎるのを待っていました。この時の私は、もうすぐ食べられる給食のことで頭がいっぱいでした。

「食べる」「遊ぶ」「寝る」がすべてだった私にいつの間にか「読む」が加わったのはこの後のことです。図書室での授業を何回か経験するうち、さすがに毎回何もしないのはつまらなくなり、ある時、本を読むことにしました。読書デビューです。何を読んだのかは覚えていないのですが、気まぐれで手に取った本を読み始めて、気が付くと授業の終わりのチャイムが鳴っていました。周りの声も聞こえず、本に夢中になっていたようです。慌てて読みかけの本を返却しに行くと、続きを読みたいという気持ちが芽生え、それからは授業で図書室を訪れるたびに本を読むようになりました。

その後、図書室に通い続けた、と言いたいところなのですが、実は1人で図書室に行くのが怖くて、それはできなかったのです。なぜなら、私が通っていた小学校の図書室は、教室がある棟から白くまの像がある「白くま広場」を通り抜け、給食室や家庭科室がある棟に入ります。そこから多目的室に向かう1本道の廊下をずーっと進んでやっとたどり着くのです。多目的室に向かう廊下が問題で、その廊下はいつも薄暗くて人通りが少なく、シーンとした冷たい空気が滞うばかり。1人の時は早歩きをしないと通ることができないくらい、私にとっては苦手な場所でした。なので、1人で行くのが怖いという理由で友達を図書室に誘うのも恥ずかしく、結局授業以外では行くことができなかったのです。

ですが、その後幸運なことに、学校の図書室の代わりにいい場所を見つけました。地域の市民図書館です。この図書館は学校の図書室よりも何倍も広くて明るくて、本も多く、何といっても友達の家に行く途中にあるという利便性！　休日になると、お父さんと一緒に本を探しに通うようになりました。図書館で何冊か借りて家に帰ってくると、2人して本に夢中になりました。私はこの図書館をとても気に入っていました。お父さんと一緒に出かけることも、図書館に向かうために漕ぐ自転車も、読みたい本を探すことも、家に帰って2人でゴロンとなりながら本に夢中になることも、読み終わった後の満足感も、すべてが好きでした。図書館に通うようになってから、月に5～10冊ほどの本を読むように。全く興味のなかった読書というものが、いつのまにか楽しい時間の中心になっていました。

図書室がきっかけで自分の中で読書ブームが到来。それからずっと本を読み続け、さすがに授業中にも読んでいた時は、先生に注意されました。その頃は配布物を受け取りに行く時にも読み歩きしていたほどです。学年があがるにつれて図書館に通う回数は減っていきましたが、その代わりに友達から借りることや、古本店で買うことも増えていき、読むこと自体は変わらず続いていました。

小学校5、6年生の頃出合ったのが、自分の本棚に入れたいと思っている、講談社青い鳥文庫の『パスワードは、ひ・み・つ』です。この本に書かれたミステリーに引き込まれた私は、シリーズの本を全て読みたいと思いました。最初の1冊は古本店で買いましたが、シリーズ本は新品を買おうと決意。毎月買っていた『ちゃお』をやめて、少ない所持金をこのシリーズ本に充てることにしました。1冊買って、読み終わったらまた1冊買って、とお小遣いを少しずつ使い、買いそろえていきました。シリーズ本を全て読み終わると、今度は同じ青い鳥文庫の本を読むことに。『霧のむこうのふしぎな町』や『そして五人がいなくなる』（はやみねかおる著　講談社）、『泣いちゃいそうだよ』（小林深雪著　講談社）、『ステップファザー・ステップ』（宮部みゆき著　講談社）など、どれも夢中になって読みましたが、次第に、兄二人の影響もあり、読む本は漫画になっていきました。この頃読んだ漫画は、『そして五人がいなくなる』と同じ原作者にあたるはやみねかおるさんが書いた、『名探偵夢水清志郎事件ノート』（講談社）。やはり、謎解きミステリーが好きだったと思います。

その後大学生になってからは、通学時間を利用して本を読むようになりました。1日20分程度の読書でしたが、朝から本を読むことは結構気分が良いものです。

私が通う産業能率大学はグループワークの授業を多く取り入れています。話すことが上手ではない私は、人と話す機会がたくさんあるこの大学に入れば、コミュニケーションスキルを身につけられるのではないかと考え、この学校に決めたのです。しかし、同級生のプレゼンを見ると、みんな人前に立って話すことに慣れていて、話の持っていき方や盛り上げ方が上手で驚きました。発表を聞いている私は感心させられるばかり。みんながキラキラして見え、それなら授業以外で努力が必要だと思い、本に頼ることにしたのです。手に取ったのは、「コミュニケーションスキルの高め方」や「話がうまくなる方法」、「伝え方の技術」、「会話力の磨き方」などのキーワードが並ぶ本。小説以外の本、さらに何かの目的のために読むというのも初めてでした。これが私にとってはなかなか面白くなかったのです。小説のように想像を膨らませながら物語を楽しむことはできず、文字がただ頭に入ってくるだけでした。知識は得られたものの、その知識を実践に移す方法が私にはよく分かりません。自分の限界を知ったようで、読むたびに切なくなりました。

とはいえこの頃、何気ない会話の中で、「本にも合う・合わないがあって、読めないと思ったら途中でやめればいい。最後まで読む必要はない」ということを知りました。この言葉は、考え方に変化をもたらしてくれた気がします。それまでの私は途中で投げ出すのは悪いことだと思っていたので、常識に対する自分の視線を柔軟にしてくれました。また、本には書く側の思いがあり、その思いを伝えたい相手や対象がいるのだということも知りました。コミュニケーション関連の本は、作者が伝えたかったターゲットから私が外れていただけのこと。そう割り切ることができました。その時の私は著者がコミュニケーションで悩んでいたことをどう乗り越えたのか、どうやって上達したのかという経験について知りたかったのですが、その本にはそれらについて書かれておらず、テクニックが並んでいました。なので自分には違和感があったんだと、今になって思います。結局、その時は私が求めていたような本に出合うことができませんでしたが、本を読み続けていれば、いつの日かそんな本を見つけられる気がしています。

そのうちに本を読む習慣がつくと話題書が気になり始め、そこで『嫌われる勇気』と出合いました。流行りに乗った形で手にした本でしたが、この本を読んで、私は世界の見え方が変わったような気さえしました。読み終わって間もなく、学校でリーダーシップやコーチングスキルについて学ぶようになり、『7つの習慣』を授業で読んだ時には、『嫌われる勇気』の内容と考えが似ていて、どちらの本も底にある概念は同じものだと感じ、親しみやすく感じました。本と授業の両方から学べたことで、その知識を深く身につけることができたような気がします。本を読んでよかったし、授業を受けてよかった。本が初めて私に、成長を与えてくれました。新しい考え方を知って世界が広がると、今度は自分を変えることができます。先が見えないことに不安ばかり抱いていたはずの私が、未来は自分の考え方次第なんだと思えるようになったのです。これからも悩んだ時にはこの2冊を読んで、自分の原点を確かめ直そうと思います。

ところで、もし過去か未来に行けるとしたら、あなたはどちらを選びますか?

私は過去に行って、中学生時代の弱かった自分を変える手助けをしたい。

中学2年生の後半から3年生の夏あたりまで、思い悩んでいた私。しかし、その悩みを解決できる力も考えも、当時は持ち合わせていませんでした。友達にも親にも言い出せず、たった1人で抱え込んでしまっていたあの頃。結局、根本的に解決しないまま、時間だけが過ぎていきました。もしこの時、『嫌われる勇気』や『7つの習慣』で得た考え方ができていたら、当時の悩みが解決していたかもしれないと、ふと思う時があります。もしくは、あの時の私が何かしらの本を読んで、素敵な本に出合えていたら、何かが変わっていたのかもしれません。

たとえば『フランス人は10着しか服を持たない』という本。この本を読むことで作者の留学期間についての経験を知ることができ、私自身は実際に行っていないのに、その時の様子や作者の思いを感じることができました。この疑似経験から影響を受けた私は、パリに住む人たちのようなシックな暮らしに憧れを抱くことに。タンスを整理し、洋服も長年使えるようなものを選んで買うようになりました。影響を受けやすいのかもしれませんが、これもまた本のおかげです。

21年生きているけれど、私の知らないことはまだまだたくさんあって、知っていることはほんの一握りです。もっとたくさんのことが知りたいから、もっと本を読みたい。知っていることが増えるのは、世界が広がるようで、本はそんな「知る」を増やす、一つの手段だと思います。誰かの価値観で書かれた本は私の価値観とは違う。だからこそ新しいものの見方を知ることができて、知識が増え、視野も広がるのです。

つまり、本には力があると思います。ただの紙媒体ではなく、私たちを成長させたり、変わる力をくれたりするような何かです。その力が時には自分に合わないこともありますが、読んで損することはありません。本の世界に入ることで、一旦、日々の忙しさを忘れてリフレッシュできます。集中しすぎて本来するべきことの時間が短くなってしまい、慌てることもたまにあるくらい。それに、アドバイスをくれる時もあります。私にとって本とは、人生を豊かにしてくれる存在だと思います。

これから、たくさんの本を読んで自分に合った本を見つけて、最高の本棚をつくっていきたいです。

わたしの本

『パスワードは、ひ・み・つ』

松原秀行 著 （講談社）

ネット上で知り合った4人の少年と1人の少女が、架空の捜査会議を進めるうちに誘拐事件に巻き込まれ、力を合わせて解決していく話。

当時（今もですが）、私は『名探偵コナン』が大好きで、謎解きも同じくらい大好きでした。将来、探偵事務所に勤めてコナンのように難事件を解決していく名探偵になろうと夢見ていた時期が、実はあったくらいです。

本を読みながら、主人公と一緒になって問題を解いていくことが楽しくて仕方がありませんでした。解けないことが多かったのですが、その難しさも含めて、物語に引き込まれました。

わたしの本

『書斎の鍵』

喜多川泰 著 （現代書林）

この本を読んだ率直な感想は、「本棚をつくりたい！」です。お気に入りの本をいっぱいに並べ、眺めるためだけでも素敵な本棚が欲しいと思いました。本を避けてきた主人公に残されたのは、鍵のかかった「書斎」。主人公の父親からの唯一の遺産である鍵のかかった「書斎」を発端に物語が始まります。父親の想いを知り、主人公の気持ちの変化を感じる中で、読んでいる私も感化されていきました。この本を読んだらきっと、もっと本が読みたくなります。もっと本が好きになります。主人公のように本を読んでいない人でも、私のように多少読む人でも、既にたくさん読んでいる人でも、もっともっと本が好きになるでしょう。そんな、本の魅力や素晴らしさに気づかせてくれる素敵な本です。

本と結婚相談

菊池晶太

22年間過ごしてきた中で本を読んだ時間はどれくらいだろう。正直本を読むことはあまり好きではないし、朝読書などきっかけがなければ本を読まない人生を送ったかもしれない私だが、気づけばそれなりにかなりの量を読んできた。

本には良い所があると思っている。それは頭の中で考えて読むということ。漫画など絵が入っていれば一瞬にして内容が入ってくるが、本は自分で想像しながら読むため、内容が深く頭に入って来る。そうすると、本を読む度にその本のストーリーに入り込むことになる。たとえば恋愛小説を読むと、同じような恋を自分もしてみたいと思うようになるなど。

それに、本の楽しみ方は一つではない。自分が想像するストーリーと作者のねらいが一致しない場合もある。読み終わった後に「こんな考え方もあるのか」と新たな発見がある時、これが私にとって本を読んでいて楽しいと思う瞬間である。またも恋愛小説でたとえるなら、美男美女が主人公で定番の流れ、それがどの本も同じだろうと思っていると、全く違う。本1冊1冊に個性があり、読み終わった後にそれぞれ違う気持ちを持つ。

なぜ私がこんなにも恋愛小説を例に挙げるかというと、過去の経験からだ。あれは中学生の頃だろうか。その時私には好きな女の子がいた。告白などしたことない私は、経験も知識もなかった。しかし家で恋愛ドラマなどを見るのは、家族の手前、恥ずかしい。そのため朝読書の時間を使って恋愛小説を読み、知識を得ていた。私はその本にあったように思いを伝えることにした。放課後誰もいない教室に呼び出したのだ。だが、あっさりフラれてしまった。完璧だと思っていただけにショックだった。何が足りないのだろうか。やはり顔が良くなければだめなのか。そんな苦い思い出も、恋愛小説の影響で生まれることになった。

本というのは不思議なものだ。読み手によって感想が異なる。だからこそ「この本を読めば人生が180度変わります」などというキャッチフレーズを、私はあまり好まない。本だけではなく、「皆この商品買ってますよ」などという「大勢」に含まれるのが嫌なのだ。大勢の人が評価するから売れるのであって、そのことを否定するつもりはない。しかしそれが自分に合うかどうかは別である。私は車に乗るが、大学生ならスポーツカーや明るめの色の車を購入する人が多い中、自分が選んだのは「プリメーラ」という、既に絶版となっている車種だ。セダンに憧れを持ち、丸みを帯びたヨーロピアンなデザインと個性的なセンターメーターに惹かれ、購入することに決めた。ユーザーは60代から70代が多く、おそらく大学生で乗っている人物はほとんどいないはずだ。というわけで、本の内容には影響されやすいが、本を選ぶ時にはあまり周りに流されたりしないのが私だ。

そんな私は高校生の時、1冊の本に出合った。当時爆発的人気だったEXILEのリーダー兼事務所の社長、HIROさんが書いた『ビビリ』（EXILE HIRO著　幻冬舎文庫）という本だ。

小学生の頃バレーボールの北京オリンピック世界最終予選を見て、ダイナミックなスパイクに憧れを持ち、バレーボールを始めた。中学生の時は尊敬する先生に推薦される形で生徒会長をしていて、あまり部活に参加することができなかったが、この先生は大人として初めて尊敬できる人だった。熱き心の中に優しさがある、魂のこもったスタイルに共感を抱いた。武道をやっているからか礼儀正しい上に冷静、しかし指導してくれる時には、感情むき出しに怒ってくれる、褒めてくれる、笑ってくれる、まさに理想の人だった。そんな大人になりたい、そう思って人見知りの私が生徒会長を引き受けたのだが、その先生はすぐ異動してしまい、結果部活にも参加できず、自分が何をしたいのかわからなくなってしまっていた。

そこで入学した高校では存分にバレーボールをしようと意気揚々としていたが、ある悲劇が訪れた。部活を取りまとめなければならない部長に任命されたのだ。本来なら名誉あることなので喜ぶ話なのかもしれないが、中学時代に生徒会長はじめリーダーとしての役割をいくつも果たしていた私は、人の前に立つことにうんざりしていた。生徒会長として学校をまとめる以外に、体育祭の団長として分団をまとめたり、学級委員としてクラスをまとめたり、学校代表で被災地に行ったりと、メンバーをまとめる経験を当時の同年代に比べるとかなり多く積んでいたからだ。

だが、一度は部長の役割を拒否したものの、結局引き受けることになった。それまでの私からすれば高校の部活をまとめるのは簡単と思っていたが、これがいちばん難しかった。私なりに悩んだ時期。そんな時に叔母がくれた本がこの『ビビリ』だった。

この時のバレーボール部メンバーは、ほぼ皆が辞めたいと言っていた。『ビビリ』にもある通り、集団とは時に凄い力を発揮するが、まとまらないと力は1人分以下になってしまう。チームスポーツに今の状況は致命的だ。HIROさんの言葉に、「生身の人間の集まりには、限界があるのだ。そうした固定したものではなくて、どんどん変化しながら、日々新しく生まれ変わっていく生き物のようなものに、なればいい」とあったが、この言葉はかなり響いた。今までは集団を作るためにガミガミ言ってばかりいたが、もう10代の後半。ガミガミ言うのは終わりにしようと思った。諦めに少し近いが、部活は強制的にやるものではないし、私自身、本気でバレーボールをしたいという人とやりたかったため、ひき止めるのをやめた。その結果、自分の代は10人から3人になってしまった。そのあとは、後輩がたくさん入部してくれたこともあってチームメイトに恵まれた。結果的には関東私学大会に連続出場することができ、近年ではいい成績を収めることができた。ＥＸＩＬＥが集団ということもあり、自分はこの部活を連想しながら『ビビリ』を読むことになった。

集団という意味では、大学のゼミにもかなり当てはまる。この本を一緒に書くことになった、産業能率大学の高原ゼミのメンバーが好きだ。とても居心地が良い。このゼミは誰といても落ち着くし、まるで家族のように感じる。高原先生がいい意味で生徒との距離が近いのもあると思う。そして、ゼミ長がかなりしっかりしている。まさにリーダーシップの塊のような人物だ。きっといろいろと挫折を経験してきたに違いない。当初すっかり彼に頼りすぎてしまい、今考えると非常に申し訳なかった。とはいえゼミの皆は素直な人が多く、助け合い、一人一人仕事をこなしていくことで、たくさんのプロジェクトを成功に終わらせた。私はこのゼミで生徒会長でもなく部長でもなく、「福福ゼミ長」だった。副でもなく、福福。我ながら気に入っている。

高原先生の人脈には毎度感服する。その中の、センジュ出版の吉満さんという人に会えて、私は本に対する気持ちがまず変わった。それと同時に本を読んで来なかった22年間の人生を少し後悔している自分もいる。これからでも読んでみると、本の面白さにはまるんだと思う。

ある会社のインターンに初めて参加した時のことだ。私はその会社のことをあまり調べもせずグループワークに挑んだのだが、その中にすごい人がいた。話し方からして余裕があった。その人はやはり、本をたくさん読んでいるようだった。私は自分の力不足を強く感じた。就活に有利というだけでなく、本を読んでいる人の話が個人的に好きだった。ボキャブラリーが豊富というか、何を話してもオチがきちんとあり、尊敬してしまう。大学の授業で自分を見つめる機会があり、自分の話し方について考えてみた。話すことは好きだが、無関心なものはそのまま話に参加することなく、放置してしまっていなかったか。本を読めばすべてが改善されるということではないが、本との出合いは、新しい自分に生まれ変わるチャンスをくれるような気がする。

ふと、ある理想的な本屋を思いついた。

本と結婚相談所をコラボレーションさせてみてはどうだろうか。本も人間と同じで性格がある。書いている著者も生身の人間で、それぞれスタイルが違う。ならば、その本を選んだ人はどのような性格で、今どんな気持ちかがわかるため、その人にとっての理想の相手を見つける手がかりにしやすいのではないだろうか。本に詳しい人がカウンセラーのような立場になって、その人がどんな本を選んだのかによって、相手を選ぶ。どのような人と出合いたいのか、どんな理想があるのかを本のタイトルとその人の話から分析し、ベストな相手を探し出す。外装はログハウスのような建物で、内装も木のテーブルや木の椅子、森の安らぎを感じさせるような室内にして、ゆったりと本を選ぶことができる。その上、新たな出合いも見つけてほしい。もちろんお見合いだけでなく、人生の相談をする場所としても有効だと思う。その人に合った本を紹介できたら、その人の気分を変えることさえも、できるのではないだろうか。

誰もがいつか本と出合うきっかけに遭遇するだろう。何か嫌なことがあった時、時間があれば本屋さんに行って本を探してみたらいい。私は今、お気に入りの本を見つけては家で窓を開けて空気の入れ替えをし、温かいコーヒーを飲みながらソファーで本を読んでいる。

わたしの本

『きっと忘れない　ZARD OFFICIAL BOOK』
ビーイング 監修（Jロックマガジン）

国民的歌手、ＺＡＲＤのボーカル坂井泉水さんを支えた数々のスタッフの言葉や、楽曲の歌詞が掲載された、オフィシャルブック。この本を読むと、ＺＡＲＤはメディア露出が少なく、テレビ、ライブなども数回、初めてファンの前に姿を現したのはデビューしてから8年目だとわかる。透き通った美しい声、モデル出身で容姿も美しく、その上ストイックな楽曲制作。もっとメディアに出ていれば良かったのではないかと初めは思ったが、過度に露出しなかったために、その歌声が心の中に残り続けた気がする。私は坂井さんの歌声が大好きだ。24時間テレビのマラソンで「負けないで」が流れることから知名度は高いかもしれない。しかし、私がＺＡＲＤを知った時すでに彼女が他界していたため、残念ながら生で聞いたことはない。正直自分にとっては、ここまで思い入れのあるアーティストは他にいない。一度でいいから会ってみたかった。生で歌を感じてみたかった。本のタイトルにもなっている「きっと忘れない」という歌は失恋を歌ったもので、共感できる部分が多々ある。幸せだった頃の思い出を蘇らせてくれる。この曲を聞くと、人との繋がりを大切にしたいと感じられる。22年間生きてきた中で痛感したこと。「きっと忘れない」という言葉はもはや私にとってスローガンのようなものになり、人と出会えて成長できた、その感謝の気持ちの表れでもある。またその人との思い出を大切にしたいといった、決意とも言える。これからもこの本を、曲を聞きながら大事に読んでいきたいと思う。

わたしの本

『17才のすずぽん。』 広瀬すず 著（集英社）

この本は広瀬すずのフォトブックだ。単刀直入に言って、この本をおすすめする理由は私が広瀬すずという女性が好きだからだ。ページをめくると、まるで広瀬すずとデートしている気分になる。この方は天使なのだろうか。透き通るような眼、まだ子供っぽさが抜けないところもあるが、大人っぽい目つきになるところ、はじけるような笑顔、本当に素晴らしい。この本を見ているうちに気づいたこと。男という生き物は、付き合う女性によって変わり、成長するものなのだ。これまでの自分のいくつかの恋愛では、楽しい思いも、辛い思いもどちらも経験した。10代から20代へと歳を重ねる中では恋愛で相手に求めるものが変わるなど心境の変化もあったのだが、今この写真集を見つめながら、私は複雑な気持ちの中にいる。これまで私は子供だったと気づかされたのだ。すべての原因は私にあった。次の恋愛は幸せな付き合いをしたい。広瀬すずの表情を見つめながら、思わずそう心に誓った。私がこの本で特に好きな箇所をいくつか紹介する。まずは17ページ。海に行く前だろうか。身支度をしているシーンで髪を結んでいる。そして澄んだ瞳でこちらを見ている。なんて素晴らしいのだろう。次に30ページ。朝起きるシーンだろうか。綺麗な顔で眠っていて、枕に顔をうずめているこの顔、反則だ。まるで私が隣で寝ているかのように思わせる。最後に56ページ。水の中でもほかと変わらない素敵な笑顔を見せてくれている。やはり彼女は神なのか。改めて、この本のおかげで女性の魅力について知ることができた。

本を読まなかった私

松村優那

小学生の頃の私は、本を読んでいる人は真面目で友達が少ないんだと思っていました。休み時間わざわざ本を読んでいる人は浮いている。自分はそう思われたくなくて、本を読みませんでした。

この頃、本当に嫌いだったのは夏休みに必ず出される読書感想文。夏休みは毎年、大阪のおじいちゃんとおばあちゃんの家で1か月ほど過ごすことが恒例になっていて、ほぼ毎日市民プールへ。好きな食べ物が出されて、好きなものを買ってもらって、妹といとこと過ごせる、そんな大好きな時間。でも、夏休みの終わりが近づくと、忘れていた読書感想文を思い出します。24時間テレビが終わると宿題に取り掛かることになるので、テレビを見ながらいつも、終わるな、終わるなと願っていたほどです。いざ読書感想文を書く時には、母親にいつも手伝ってもらいながら涙を流して、「書けない、書けない」と言っていました。この頃、日本で読書感想文がいちばん嫌いな小学生は、私だったんじゃないかと思います。

母親は、本が好きな人でした。本を読みなさい、とたくさん言われましたが、私はその言葉がとにかく嫌いでした。本を読むのが遅く理解するのも遅かった私は、当時登場人物の区別がつかなくて、どの人が何をやったのか何を言ったのか、話の流れが分からないことが多くありました。漫画は絵を見れば話が分かるけれど、本は自分で想像しないと話が頭に入ってこなかったからです。

ですが、ある転機が訪れました。きっかけは、転校先の小学校で始まった、いじめや仲間外れです。私は小学2年生まで名古屋にいて、小学3年生の時に父親の転勤で横浜に引っ越してきたのですが、新しい学校にうまく馴染めず、誰にも相談できずにいて学校に行くのが憂鬱でした。

分かりやすくいじめられたわけでもなく、逆にいじめっ子でもありませんでしたが、いつ自分がいじめられるか分からない恐怖にかられ、生きづらくて、肩身が狭い毎日を送っていました。今思うとこの頃は、本当の自分を隠していたと思います。ちなみに、当時私は毎朝母親に髪をポニーテールに結ってもらっていましたが、最近その頃の私について母親と話をした時に、「あの頃はきつそうだった」と言われました。理由を聞くと、私の頭に一時期10円玉サイズの脱毛があったんだそうです。毎朝母親は、その部分を隠してポニーテールを結ってくれていたそうです。

そんな悩みの中にいる時、友達との関わり方について書かれた本を読んだことがありました。書名こそ忘れてしまいましたが、今まで本を読むのが苦手だったのに、その本は私と同じだと思えて、気持ちが楽になったことを覚えています。初めて本を読む意味が分かりました。誰にも相談できないことを本は語りかけてくれる。共感して心に寄り添ってくれている気がしました。

そのあとは、5年生の時、面白い本に出合いました。少年が空飛ぶ桃に乗って虫たちと冒険する物語、タイトルは『おばけ桃が行く』（ロアルド・ダール著　評論社）でした。本嫌いな私がその本を手に取ったのは、タイトルからどういう話なんだろうなと引きつけられたことと、表紙の絵の柔らかさから。初めて最初から最後までワクワクしながら読めた本で、想像を掻《か》き立てられるって、こういうことなんだなと思いました。次のページをめくるたびに展開が気になり、ドキドキしながら文字を追っていくあの時の感覚は忘れられません。新しい感情が自分の中に入ってきた衝撃は、一生ものになるんだと思います。

中学生になると、友達が『ハリー・ポッター』（J・K・ローリング著　静山社）を全巻読んでいると聞いて、悔しくなりました。映画版は大好きだったのですが、本となると、冊数の多さや一冊の分厚さから読むのを諦めていたのです。また、当時はケータイ小説を読んでいる人が周りに少なくありませんでした。でも、私は自分がそんな恋愛をした経験がないからか、分からない感情でいっぱいでした。

そんな頃に読んだのが、『西の魔女が死んだ』（梨木香歩著　新潮文庫）です。ちょうど思春期の私が求めていたような本でした。本の中に出てくる登場人物、なかでも西の魔女（おばあちゃん）の言葉に救われていました。

大学に入ってからは、本に少し興味を持ち始めました。帰り道が一緒の友達が時間つぶしによく古本店に寄っていて、電車が来るまでお互い時間があったある日、一緒に行くことにしたことがきっかけです。友達はCDの棚を見ていましたが私は暇を持て余してしまい、どうしようかと店内をフラフラ歩いていると、「おすすめの本!!」と書かれたポップに目がとまりました。「おすすめ」の下に本の紹介の文章が書いてあります。その推薦文を読んでその本を読みたくなり、初めて古本を買いました。それが、『チルドレン』（伊坂幸太郎著　講談社文庫）です。古本だったことで身構えることもなく、読み終えられなくてもいいかなと思えて気軽に買えたのかもしれません。いずれにせよ自分から本を買ったのは初めてで、自分でお金を出して買ったことで、何か学びたいという気持ち、この本なら読めそうだという自信も出てきました。

この『チルドレン』は、ずっと本嫌いだった私が案外あっさりと読み終えられ、自分も驚きましたが、母親がいちばん驚いていました。何度も本を読めと言っても読まなかったのに、自分からすすんで読んで、しかもあっという間に読み終えたのですから当然です。このことで私はどこか自信を持つことすらできました。そこで、それまでは映画しか見たことがなかった、あの中学生の時に悔しい思いをした、大好きな『ハリー・ポッター』のシリーズを読むことにしたのです。映画に比べて本はより細かく描写されていて、映像のみでは分からないことをたくさん知ることができた気がして、嬉しくなりました。今度は分厚い本が読めたことで、さらに自信につながったのです。

その後何冊か本を読み進めるうちに、当たり前ですが、著者によって文章の構成、言葉のチョイスが違うのが、面白いと感じました。私は読んでいて温かい気持ちになる本が好きです。これまでを振り返ると、自分の生活が充実している時には、あまり本を読んでいなかったように思います。逆に、何かの答えを求めている時、それが何かは分からないけれど必要としている時などに、本を読みたい気持ちになります。まだまだ私には、本を日常的に読む習慣がありません。ですが、このまま新しい本に触れることがなかったら新しい感情に巡り合うことはなくて、会ったことのない人、または私が生まれるよりも前の時代を生きた人の考えにも触れることはなかったはず。

そう考えると、自分が生きている中でそれはすごくもったいないことなんじゃないか、それなら本を読もう、という気持ちになりました。

そして、大嫌いだった本が少し好きになったのは、本から元気をもらえたからです。心に余裕を与えてもらったからです。「本を読んでいると真面目に見える」と思っていた幼い頃の私。大学生になった私は、ちゃんとした大人になりたいという気持ちから、そう見せたいというどこか邪《よこしま》な気持ちからも、本を読むようになりました。まだ本の面白さを感じきれていないのだろうと思いますが、きっかけはともあれ、少しずつゆっくりでもいいので、人生を豊かにしてくれる本を探していきたいと考えています。

人生の中で学ぶことはたくさんあって、本から学ぶことで景色が変わって見えたり、それまで自分の知らなかった世界を感じることができると思います。今は本からもっともっと学びたい。ごく自然に本と触れ合えるような時間を、これから過ごしていきたいです。

わたしの本

『西の魔女が死んだ』

梨木香歩 著（新潮文庫）

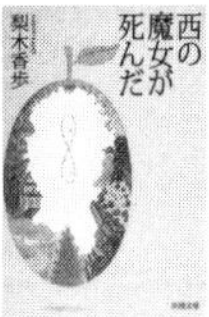

西の魔女（おばあちゃん）が語りかける言葉は、落ち着いていて飾りがなくシンプルで、どこか温かい気持ちにさせてくれるものでした。環境が自分と似ているように感じられた主人公は、ほぼ同じ年頃。私は主人公に自分を重ねて読んでいました。好きなシーンはイチゴジャムを作るシーン。文章からその光景を想像するととても心地よく、将来こんな生活をしたいなと思いながら読んでいたことを思い出します。私のおばあちゃんは遠方にいるのでなかなか会えないのですが、この本を読んでおばあちゃんに会いたくなりました。もしおばあちゃんが亡くなったらと考えると不安にもなりましたが、だからこそ、今をもっと大事にしよう、周りにいる人を大切にしようと思える作品でした。

わたしの本

『昨日のカレー、明日のパン』

木皿泉 著（河出文庫）

すごく好きな本です。

7年前に夫を亡くしたテツコの、夫の父親ギフとのささやかな毎日の物語。ドラマを見て面白かったので、本で読んだらまた発見があるんじゃないかと思って手に取りました。

クサイことを言っているようにも感じますが、伝わりやすくて、心に残ります。落ち込んだ時、前向きなアドバイスをくれる人は多いですが、この本には、時には立ち止まることが大事だと書いてありました。何だか心の苦しさが少し軽くなっていくような気がしました。

日常の小さな幸せに気づかせてくれる。この本を読んだら、人を信じることができるようになる気がします。

夢の世界に触れたくて

阿部 希

1996年、神奈川県に生まれた私。苦手なものは、卵とハト。これは一生克服できないかもしれない。好きなことは、体操競技とフィギュアスケートを観戦することで、これらの話題なら何時間でも熱く話すことができる。これを書いている今日も、体操の試合の観戦に一人で群馬まで行ってきた。美しい体操を見ることができて、今日も行って良かったなと噛み締めているところ。

最近のマイブームは、歩くこと。私の住んでいる家は、最寄り駅からバスで15分。歩いたら35分ぐらい。この道のりを歩きながらなにか考え事をしたり、音楽を聴きながら歌ったりしている。今読みたいなと思っている本は、『勝手に幸せがつづく方法』(大木ゆきの著　大和書房)。今も幸せに生きているけれど、なんとなく本屋で見かけてから気になっている。その本を買って帰るか、それともとってもお腹がすいているから美味しいものを食べるか、体操の観戦からの帰り道に迷い中。

「読書が趣味だ」と胸を張って言えるほど本を読んできたわけではないが、私は本を読むことが好きだ。でもどうして本を読んでいるか、あまり深く考えたことはなかった。本から学んだこともきっとあるのだろうけれど、自分の中ではそれほどピンときていない。楽しいから、面白いからという理由以外に、本を読んでいる理由はあるのだろうか。

小さいころ、家にたくさんの絵本があった。『はらぺこあおむし』（エリック・カール著　偕成社）や『ぐりとぐら』（なかがわりえこ著　福音館書店）。この2冊は何度も繰り返し読んだ記憶がある。最初はお母さんに読んでもらっていたけれど、幼稚園に入ると自分でも読んだ。まだ字が読めなかったはずなので、何度も読んでもらってセリフを覚えてしまっていた気がする。

小さいころに出合って今でも一番好きな絵本、それは『こんとあき』（林明子著　福音館書店）。「あきちゃん」という女の子と、しゃべるぬいぐるみの「こん」（きつね）の友情の物語。この絵本が好きな最大の理由は。こんのキャラクター。小さいころからぬいぐるみが好きな私にとって、こんは、とても夢のあるキャラクターだった。ぬいぐるみがしゃべって動いたら、なんて楽しい世界になるのだろうと思っていた私にとって、この絵本は私の憧れが詰まった夢のまた夢の物語。あきちゃんが不安になってしまうさまざまな場面で、こんはあきちゃんに対して「大丈夫、大丈夫」と包み込むような優しさで励ます。このたった一言だけでも、この物語の温かさが伝わってくるようだった。しっかり者のこんは、最後におちゃめな一面を見せてくれ、それがとてもかわいくて、笑顔になれる。こんなに好きになれた絵本に出合うことができて嬉しい。私にとってこの『こんとあき』は、大げさかもしれないけれど夢の世界に連れて行ってくれる本だ。まさに夢を見るために読んでいたように思うし、だからこそ将来自分に子どもができたら読んであげたい。

小学校高学年は本と離れた時期で、あまり本を読んだ記憶がない。このころは、どちらかというと部屋で本を読んでいるより、体を動かしているほうが好きな子どもだった。

私が本と関わることが多くなったのは中学生の時だ。中学校の朝のホームルームの後に「朝読書」という時間があった。「朝読書」とは、朝の会の10分間、全員必ず読書をしなければいけない時間。初めは朝読書なんて面倒だし、適当に家にあった本を持っていき、ぺらぺらめくっていた。読んでいるふりもしていたと思う。そのうち文章を読み込むようになり、そうしたら意外と楽しかったし、面白くなった。それから自分で本屋に行って好きな本を選ぶように。朝読書のわずかな時間で一冊読み終わるまで時間はかかったけれど、その達成感を味わうと喜びになった。私が中学生のころによく読んでいたのは『パラレルワールド・ラブストーリー』『秘密』『赤い指』『容疑者Xの献身』（すべて東野圭吾著）。そのうち本の内容に引き込まれて、塾の行き帰りのバスの中でも読んだりした。

その後高校生になると、中学生の時の「朝読書」の時間がなくなり本としばらくお別れをしてしまった。時間はたくさんあったはずなのに、部活とアルバイトと友達との遊びに明け暮れた。

しかし、大学生になって私にまた読書ブームが訪れた。なぜなら身近に読書が好きな友達が2人もいたからだ。1年生の時に同じゼミだったみーちゃんと庭野。この2人のおかげでまた本が読みたくなった。大学生になった今は読書と言えば通学中の電車内がほとんど。家から最寄り駅までバスに乗る15分間、最寄り駅から横浜駅までの10分間、横浜駅から自由が丘までの20分間。あまり長い時間ではないが、少しずつ本を読み進めていくにはちょうど良い時間だと思う。

大学に入ってから気に入ったのは、『阪急電車』（有川浩著　幻冬舎文庫）と『タイニー・タイニー・ハッピー』（飛鳥井千砂著　角川文庫）の2冊。この2冊の共通点は、短編集であるということ。ただの短編集ではなく、一話目で主人公になっている登場人物が二話目では脇役で登場していたり。私にとってはこれが新鮮で、面白かった。

最近、読んでいて楽しい本面白い本はもちろんだけれど、理解するのが難しい本でも終わりが近づいてくるとなんだかさみしくなって、大切に読んでしまう。結末は早く知りたいのに、終わってしまうことを考えるともったいなくなって、読むペースが落ちていく。

これまでの本の探し方は、感動する話が読みたいなと思えば「感動　小説　おすすめ」などとネットで検索したり、おすすめランキングなどを確認していた。そんな探し方も悪いわけではないけれど、もう少し本と違う出合い方ができたら楽しい気がする。もっと本屋や古本屋、図書館をまわって自分の足で探したいし、本が好きな友達に読んでいる本をどうやって探しているのか聞いてみたい。自分なりの探し方も見つけたいと思う。

私が本を読む理由はまだはっきりとは分からない。でもいろいろ考えてみたら、現実の世界からちょっと手を伸ばせば届きそうな、憧れや夢の世界に触れたくて読んでいるのかもしれない。幼稚園のころよく読んでいた、『こんとあき』の「こん」に憧れていたように。

わたしの本

『リラックマ生活』

コンドウアキ 著 （主婦と生活社）

この本との出会いは、中学3年生の時。教育実習生がこの本を、何冊かクラスにプレゼントしてくれた。見開きに一言、メッセージと、それに合わせたリラックマの絵が描いてある。どれも心にとても響く言葉ばかりで、読んでいると前向きな気持ちになれた。本の中にも書いてあるが、この本はちょっと変わった読み方をおすすめしている。それは目を瞑って好きなページを開くこと。そうすると、その時に合った自分へのメッセージが、開いたページに書かれているように感じられる。1ページ目から順番に読むのも良いが、私はこの読み方が好きだ。少し疲れているなと感じた時などに読むのがおススメ。もちろん、元気な時に読んだらもっと元気になれると思う。

わたしの本

『タイニー・タイニー・ハッピー』

飛鳥井千砂 著 （角川文庫）

「タイニー・タイニー・ハッピー」略して「タニハピ」という東京郊外にある大型ショッピングセンターが物語の舞台となり、登場人物男女8人が仕事や恋愛、結婚に悩み葛藤している。全部で8話の短編で構成されていて、ある話では主人公になった人物がある話では脇役となって登場するので、それぞれの人生をさまざまな角度から見ることができるようで面白い。

一話一話が短いところも、読みやすかった。どこか現実的に起きそうなことが描かれているため、情景を想像しやすく、親近感が湧く。同じ場面でも登場人物によって感じ方が違うということを、読み進めるうちに知ることができる。20歳前後の女の子に特におススメしたい。

たどり着くのは、本

二階堂優衣

産業能率大学に通う大学4年生の私は、多くのプロジェクトに挑戦する高原ゼミに所属し、今こうして本になる原稿を書いている。本を書くというプロジェクトのおかげで、私は改めて本を読むことになった。「センジュ出版」吉満さんの温かいお話を聞くことができた。江戸川区篠崎にある「読書のすすめ」という、本をオススメしてくれる面白い本屋さんに出会えた。どれも私がすすんで選び、出会ったわけじゃない。いつのまにかそれらは私の経験、思い出となってくれた。

私の生まれは、母の実家の福島県。生まれてすぐ広島、千葉と移り住み、その後は長野で自分の根っこを作る時間のほとんどを過ごした。本との出合いは長野県上田市にある清明《せいめい》小学校。大きな神樹の木がグランドにそびえ立つ、緑に囲まれた気持ちの良い学校で、遠足には決まって小学校の窓から見える太郎山《たろうやま》に登った。学年が上がるほどに登る距離が延びていった。ゴールについたときの達成感、そこで食べるお弁当は格別においしかった。そんな小学校で最初に図書館に行ったのはいつだっただろうか、はっきり覚えてない。気づいたらこの図書館でいろいろな本を借りた。『こまったさんの　おはなしりょうりきょうしつ』（寺村輝夫著　あかね書房）など一連のシリーズ、『かいけつゾロリ』（原ゆたか著　ポプラ社）シリーズ、『11ぴきのねことあほうどり』（馬場のぼる著　こぐま社）、表紙がキラキラ光った『ドラゴン・スレイヤー・アカデミー』（ケイト・マクミュラン著　岩崎書店）は、みんなで競うように借りていた。他にも世界中の偉人のお話が絵つきで書いてあるもの、ギリシャ神話を読みやすく漫画にしたもの。図書館で本を奪い合っては、自分の部屋で読み漁っていたあの頃。知らない世界を教えてくれた本たちは、私の遊び相手になっていた。

仕事をしていた母が迎えに来るまでの間、学童保育に通っていた。そこで初めて漫画を読んだ。『りぼん』（集英社）という月刊少女漫画誌だ。さまざまなキャラクターの女の子たちが、カッコイイ男の子と恋に落ちる。一冊にたくさんのお話が詰まっていて、小学生の私にはちょっと刺激的だったけれど、途端にハマり、貸し出してもらっては何回も何回も読んだ。そのうち毎月の発売を楽しみに待つようになり、買ってもらうようになった。『りぼん』から『ちゃお』（小学館）、『なかよし』（講談社）、と、ほかにもいくつかの少女漫画誌を夢中になって読んだ。キャラクターがコマの中で動いて表情を見せる。いままで活字を読んで想像していたものが、目に見えて動いてくれる。文章を読むよりもわかりやすくて、ドキドキして、面白かった。

この頃、親同士も仲が良くて毎日遊んでいた子に、翼という男友達がいた。彼にすすめられたことで、『銀魂』（空知英秋著　集英社）という少年漫画にもハマった。少女漫画にはないギャグ、シリアス、感動。稲妻が落ちたようだった。大げさに聞こえるかもしれないがこれは本当で、私にとって運命的な出合いだった。何に感動したかというと、友情、勇気、挑戦。そんなキーワードを、少年漫画からもらったのだ。

5年生のはじめに、神奈川の小学校に転校した。みんな仲良くしてくれるだろうか、うまくしゃべれるだろうかと、不安で爆発しそうだった。新しいクラスに行き、転校生だと先生に紹介してもらった日はかなり緊張していたけれど、クラスメイトはみんないい子で、安心した。

新しい小学校にも慣れ、みんなとためらいなく話せるようになった頃、なっちゃんという女の子と仲良くなった。なっちゃんは長い髪を振り回して遊ぶ、活発な女の子。学校の人気者で、たくさんの習い事をしていた。足も速くて、習字もできて、絵も上手で歌も上手い。クラスの中心的な人物だった。そんななっちゃんと仲良くなったのは、私が転校生だったからか、へらへらとしたイジられキャラだったからか。なっちゃんは私に興味を持つと、遊びにたくさん誘ってくれた。家に一度帰ってからもう一度学校に集まり、鬼ごっこやケイドロ、鉄棒で毎日のように遊んだ。男顔負けの強さを振り回していたなっちゃんのことが、私は好きだった。自由でまっすぐで。

　土日は家で遊ぼうと誘われ、毎週のように遊びに行っていた。その時なっちゃんからアニメの魅力を教えてもらったことで、私はその世界に引き込まれた。『クレヨンしんちゃん』や『ドラえもん』などは見ていたけれど、なっちゃんが教えてくれるアニメはちょっとマニアックで、他の人は知らないもの。でも全部面白い。なっちゃんが言うなら絶対！　という信頼があったし、放送を見てからの感想共有会が楽しかった。ドラキュラがメインの『ヴァンパイア騎士』、イギリスが舞台で絵がとても綺麗な『黒執事』。良かったところ、面白かったところを2人でたくさん話した。

　原作の漫画に主題歌や効果音がつけられ、自分の好きなキャラクターが動いている。最高だった。物語の世界にどっぷり浸かり夢にまで出てきたし、そこで自分はいつも主人公だった。アニメではページをめくらなくても話が進む。たまに漫画で想像していたものと違ってガックリすることもあったけれど、アニメの世界にはすっかり魅了された。

　進学した中学校には小学校から来た仲間が多くいたから、楽しみだった。バドミントン部の部活紹介を見に行った時、1対1でただ打ち合いをしているだけなのに無性にかっこいいと思えた。羽根をラケットの中心で捉えて打ち込んだ瞬間、体育館に響き渡る音。体育館の天井まで届いてしまうんじゃないかと思えるくらいに、羽根が描く高い軌道に惹かれ、バドミントン部に入部。だが、それからは地獄の毎日になった。

休みなんてない。土日も朝から夕方までずっとトレーニング。羽根が風の影響で飛ばされないよう、窓、ドアは全部閉め切る。熱気がこもる体育館、叱る時だけ唾が飛びそうなほど声が大きくなる顧問の先生。さらに、この部内ではイジメが流行っていた。部員全員が1人1回はハブられていて、もちろん私も例外じゃなかった。

その日は学校が早く終わり、部活まで時間があるということで一度家に帰る流れになった。いつも行き帰りを一緒にする子たちといつものように他愛のない話をしながら家に向かう。少しだけ家で休んで準備してから待ち合わせの場所に行くと、みんな挨拶を返してくれない。それどころか目も合わせようとしない。明らかにおかしい。刺すような空気。部活が始まってもその態度は続いた。あまりにも辛かったので、信用していた友達にだけコソッと「私なにかしたかな？」と尋ねてみる。彼女は優しく「わかんない」と言ってくれ、これで少し安心していたら、彼女はそれをみんなに「優衣が『私なにかしたかな？』とか聞いて来たんだけど。気づいてないのかな」と伝えていたらしい。コソコソみんなで話してるのが、全部聞こえてくる。どうしたらいいかわからなかった。押し潰されそうな絶望の中、長い間バドミントン部でハブられていた萌華に話しかけてみた。「うち、みんなからハブられてるみたい」と伝えると、萌華は優しく私を受け入れてくれた。萌華がハブられたとき、私も萌華を無視したのに。近寄って来る萌華を私はあの時、遠ざけたのに。萌華のことが嫌いなわけじゃなかったのに、怖くて距離を置いたんだ。いつも一緒に行き帰りを共にする「いつメン」だったのに。あの時、私は波に流され、呑まれ、萌華から離れた。それなのに、いざ自分がハブられると辛くて、誰かと一緒にいたいと思って、おそるおそる話しかけた。そんな私を「わかるよ、辛いよね」と、萌華は受け止めてくれた。みんなと一緒に萌華を遠ざけた私を。

私がハブられたのは結局ワンデーで、1日体験のようにその日は過ぎ去ったけれど、それからずっと私は萌華と一緒にいるようになった。ある人には「嫌われ者同士、仲良くしてるよ」と言われたけれど、全然気にしなかった。「流されず、自分を持とう」と思えるきっかけを作ってくれた出来事。この思い出に「〝わたし〟に一歩近づけた日」と名前をつけ、感謝して心の引き出しに閉まった。

小学生の頃から男の子のように外を駆り回り、黒ばかり好んで着ていた私のあだ名は、「カラス」。そんな男子みたいな女子が、中学生になって、ある日、恋をすることになった。活発な黄色だった毎日に、ほんのりピンクが混じったようだった（松浦亜弥の「桃色の片想い」をBGMにしてお読みください)。

同級生の間では、まさに恋愛ブーム。付き合うということが軽かった。嵐のように付き合っては、みんな1週間で別れていた。告白は絶対にメールで、直接面と向かって告白する子なんて1%もいなかったと思う。そんな中でハマったのがケータイ小説『恋空』(美嘉著 スターツ出版)だった。ハードカバーの上下巻はピンクと青で、二つ組み合わせるとハートの形になるデザインが、とても可愛いかった。本は重かったけれど、その重さが秘伝の恋愛マニュアルのようで好きだった。高校生が主人公で、当時の私からしたら大人の世界。ごく普通の女子高生、美嘉が好きになったのは、自分とは正反対の世界で生きるヒロ。ある日美嘉はケータイを失くしたことをきっかけに、発信者不明の人物とメールのやりとりを続けるのだが、メールを送りあううちに、見ず知らずの送り主に興味を持っていく。ここから少女漫画でしか読んだことがないような展開が続くのだが、これが実話だというから、恋愛に対してまっさらだった私はどんどん引き込まれていった。思えば小学生の頃までは外で男子と駆けずりまわっていた私。メールでハートの絵文字を使うことさえ嫌がるような、部活一本で筋肉バキバキな私をこんなにも「女子」に変えてくれたのは、『恋空』だった。

この本に影響され、初めて付き合った彼氏がいる。中学1年の終わり、クラスの人気者、足が速くて身長が高かったヤスケン。クラスが同じで気が合い、よくしゃべるようになった。体育祭のリレーでぶっち切りで走る彼にときめいた。彼の周りだけ輝いて見え、私の中のスターだった。恋をした途端、いつも通り話せなくなった。毎日、授業中もメールしていたのに、直接話さない。話せない。気まずかった。ガラケーメールの1通1通が、私の喜怒哀楽につながった。お互い気になってはいたけど、クラスが変わってしまうその時まで気持ちは伝えられなかったものの、ある日、ひょんなことから私が想いを伝えることになった。部活からの帰り道、いつも通り萌華と帰り、私の家の庭に腰を下ろして、萌華に告白のメールを一緒に考えてもらった。意を決して送ったメールは彼に届き、想いも通じ合った。付き合ってからは部活終わりの帰り道や、一度家に帰ってから夜に待ち合わせてお互いの家の周りを散歩するのが定番のデートコースだった。夜、ヤスケンの通っていた小学校を見に行ったり、夜景がきれいに見える山の上まで案内してくれたりした。一緒にいる時間はずっとドキドキしていて、何もかもが新鮮だった。交換日記を渡すためだけに夜から会ったりすることもあった。ジャージじゃない私服姿の彼を見るのが楽しみで、私もたった3分のために張りきってオシャレをした。そんな甘酸っぱい日々を一緒に過ごした彼とは、サッカーと勉強を理由に8回も別れと復縁を繰り返す。恋愛ってケータイ小説みたいにうまく行かない。そんなことを知って少し成長した気がする。

高校時代は本に一切触れなかった。代わりにYoutubeにハマり、ボイスパーカッションをしていた頃のヒカキンさんを見ながら時間をつぶしていた。この頃の私は、軽音楽部の幽霊部員。バイトとYoutubeを見ることに明け暮れ、中学生の時はあんなにも本を読んでいたのに、すっかり本から遠のいた毎日を送っていた。そんな自分に焦った私は、大学に入って自分を変えたかった。将来なんて何も考えていなかった私が初めて将来のことを考えた時、化粧品の開発者になりたいと思った。どうやったらその夢に近づけるのか、そもそも化粧品開発なんていう仕事があるのか、そんなことを教えてくれる大学があるのか疑問は多かったが、スマートフォンでなんとなく調べたら、出てきたのが産業能率大学。他にマーケティング関連の大きな大学も出てきたが、直感的に選んだのがこの大学だった。グループワーク、企業の方々を招いた実践、自由が丘という街とのつながり。産能大は群を抜いて「特殊」だった。ネームバリューなんていらない、自分が成長できるところが良かった。

そんな私が入学してから変わったかというと、周囲がキャンパススタッフや学生団体の活動で忙しい中、授業だけ真面目に受け、サークルも幽霊部員になり、また高校時代に戻ってしまった。ここでただ授業を受けるだけで私の夢は叶うのか。どうして大学に行くのか、いろいろとわからなくなった。その頃、毎日一緒に授業を受け、行き帰りを共にしていた友達が大学を辞めた。その友達が言っていた。「本当に自分のやりたいことは別のところにある」。ハッとした。大学で自分のやりたいことって何だろう。私は自分を変えたかったはずだった。

そして2年生の後期、ゼミ選択の時期の説明会で、新しくマーケティング学科からゼミを出すことになった高原先生の存在を知った。高原先生は不思議な空気を持っていた。他の先生とは違う、決して混ざらない色。私はそんな高原先生に付いていこうとゼミに入り、そして入学してからの自分とは違い、さまざまなプロジェクトに参加した。本を作るプロジェクトが始まり、私はまた、本を読むことにした。

『星の王子さま』（サン＝テグジュペリ著　新潮文庫）のページを1枚1枚めくる。この感じが懐かしかった。『星の王子さま』は、いま付き合っている彼の誕生日に箱根にある星の王子さまミュージアムに行った時に出合った。それまでこの本をまったく読んだことがなかったが、彼が好きなものならきっと私も好きだろうという確信があった。ミュージアムでは期間限定の謎解きイベントを開催していて、難しい謎を解くのに必死で館内をあまり見ることはできなかったのに、自分の中に物語が流れ込んできた。ミュージアムで得た感想は「大切なことは目に見えない」ということ。そのことを私は自宅に持ち帰り、爆睡。すると、嫌な夢を見た。楽しく一緒に旅行をした彼も、家族も、私から離れていってしまう夢。目覚めてハッとした。もっと近くにいる人たちを大切にしよう、失ってしまう前に。

この朝、私は『星の王子さま』を読むことを決意し、後日、本を購入。小さな王子さまに「これだから大人は」と叱られているようだと率直に思った。そりゃあ私だって、王子さまみたいに縛られず、自分の星のことだけを想う人になりたいよ。現実はそんなに甘くないんだよね……。まるで作中に出てくる大人たちのように王子さまに話しかけている自分がいる。大学4年の就活生。自己分析を突き詰めると、自分がどうやって話していたか、笑っていたか、わからなくなる。だから子どもの頃のまっさらな気持ちを取り戻すために『星の王子さま』に助けを求めたのかもしれない。

今は少しだけど、自分のこともちゃんと愛せるようになり、読もうとする本も変わった。『「すぐやる人」と「やれない人」の習慣』（塚本亮著　明日香出版社）、『伝え方が9割』（佐々木圭一著　ダイヤモンド社）など、自己啓発本を読むようになったのは、もっと自分を好きになりたいから。本から人生のヒントをつかむようになった。

本との関わりはいつも突然だ。でも、自分がどこかでSOSを出している時、または何かに悩んだり、元気が欲しくなったり、自分を叱ってほしいと思った時、そんな時に本と必ず出合っている気がする。形を変えてもたどり着くのは結局、本だったのだ。

わたしの本

『ハーフ』

草野たき 著（ジャイブ）

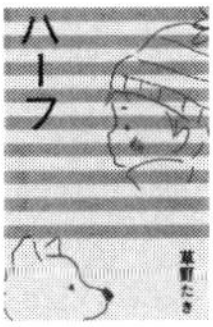

飼い犬ヨウコのことを「お前の母親だ」と父親から言われて育てられてきた息子の話。実際には、父親の妄想です。

父親がどこまで本気で犬のヨウコを奥さんだと言っているのか理解できず、息子は苦悩します。でも実は、犬のヨウコを奥さんと思い続けるこの父親は、現実と妄想の狭間をさまよう「ハーフ」だったのです。

本の中にはいろんなハーフが出てきますが、とくに犬のヨウコは人間の母親より母親らしく思えるところが多々あり、読む人に大切なことを気づかせてくれます。自分の何らかの「ハーフ」に気づき悩んだ時、読んでほしい本です。

わたしの本

『恋空（上）』

美嘉 著（スターツ出版）

2005年、投稿小説サイト「魔法のiらんど」に掲載され、人気を博したことがきっかけで本として出版。上下2巻組に加えて、サイドストーリー『君空』も発売されており、私はすべて持っています。ストーリーとしては、ごく平凡な女子高生美嘉と正反対に荒れていたヒロとの、実際の恋愛を書いたもの。2人は本気で付き合い始めるものの、ヒロの元カノ咲に美嘉は傷つけられます。震えるような恐ろしい目に遭った美嘉をヒロは全力で愛するのですが、その、行動や見た目が派手なのにまっすぐで男らしく美嘉を愛するところも、この物語のいいところです。人を信じるということはとても難しく勇気のいること。人を信じ、愛することを教えてくれるこの本は、恋愛のバイブルになります。

人生という本

宮地琴音

今まで本をまったく読んで生きてこなかった。読んだ本の数は2桁もいっていないのではないだろうか。でも、年に何回か本に興味を持つ瞬間がある。それは、周りの人の流行に乗っかろうとして。または、本を読んでいたらビジュアル的にかっこいいと思うから。電車の中では、ケータイを触っている人や音楽を聴いている人がほとんど。その中で、本を読んでいる人の姿は大人に思える。そんな気持ちから本屋に寄り、手に取るのは、「〇〇をする方法」「〇〇で変わる」など、自分に欠けているものを身に付けられそうなビジネス書や自己啓発書だ。とはいえ、購入後に読んでみるも最後まで読み切れず、買って満足してしまうタイプ。本が嫌いというわけではないが、ただ読むのが苦手なのだ。本は時に自分の支えになるのだろうし、現実とは違う、もう一つの居場所のように感じることもあるのだろう。そう私なりに考えることがある。本を読むことでマイナスになることは考えてみても思い浮かばない。むしろプラスしかないはずだ。それなのに本を読まない。読んでいないという現状から抜け出せない。

私にとって本は、「読みたい」ではなく、「読まなきゃ」「読んだ方がいい」というもの。読書＜遊び＜バイト＜寝る、と、読書は私の中で最も優先順位が低いのだ。今読まなくても後で読める。それに、読んでも意味のわからない言葉が出てくるたびに辞書を引いて読書を中断することで、心が折れる。そのまま、先が気にならず本を閉じる。電車で読もうと思って開くも、ズラーっと並ぶ活字を前に眠くなる。本を読めない自分に、これはもう致命傷なのだと、読書を勝手に諦めた。

私は小学生の頃、家から歩いて約7分の祖父母の家に毎日遊びに行っていた。平日は祖母とお買い物に行ったりゴロゴロしたり。休日は祖父とやきとりを買って近くの川で釣りをして。友達と遊ぶことよりも、祖母と祖父と一緒にいることが大好きで、学校の授業と宿題以外は、祖父母の家にいるとハッピーだった。そんな平凡な毎日が、小学校2年生の、ある決断をきっかけに、180度変わっていった。

通っていた小学校は家から歩いて1分もしない距離にあった。毎週、水曜日と土曜日は夜の学校の体育館に明かりがついている。この頃、遠くから遊びに来る友達と、何度かいたずら半分で夜の小学校に遊びに行った。怖いし、誰かに見つかったら怒られるのではないかというスリルと好奇心を胸に、体育館へ。すると、「バンバン」とボールが床につく音。体育館の扉にはガラスが4か所はめこまれ、そこから中が見える。覗くと、私と同じくらいの年代の子どもたちが、ボールを上げて、拾って、ジャンプしている。その様子を観るのが楽しかった。

それから毎週土曜日に、こっそり体育館に足を運んだ。ある日、私に気づいた大人が、こちらに近づいてきた。最初はヤバいと思って逃げたが、また別の週に声をかけられた。「中に入りな」と体育館の中に入れてくれ、間近で見学していると、より一層楽しそうでかっこよく見えて、思わず「やりたい!!」と思った。すぐに家に帰って、仕事中だったママの手を引っ張って体育館へ。私に声をかけてくれた人とママが知り合いだったことで、私がママを説得するよりも話が早かったが、ママの返事は「ダメ」。他にたくさん習い事もやっていて、宿題も夜寝る間際になってからやることになってしまって、やるべきことをちゃんとやれていないと、毎日の私の態度を見た上での反対だった。「ちゃんと宿題を終わらせてからバレーに行くから！」と泣きついてパパとママにお願いし、知り合いの人も協力してくれたことで、ジュニアのバレーボールクラブに入る許可をようやくもらえた。毎週、月・水・土・日の練習。それまで祖父母に遊んでもらっていた時間がなくなったが、ちっとも惜しくなかった。

ジュニアの中で私と同じ学年の友達はゼロ、みんな先輩だった。そんな私のことを、監督もコーチも先輩も可愛がってくれた。練習に慣れてきた頃、シューズやサポーター、エナメルバッグを両親と祖父母が買ってくれた。ママは私がバレーを習い始めたことで、週に1回の休日の日曜日も、仕事の時間より早く起きてお弁当を作ってくれていた。私はレギュラーメンバーとしてコートに立つには程遠く、練習ではボール拾い、試合では応援係だったが、学年が上がり、先輩がどんどん引退して、その頃には自分の技術も上がっていた。

4年生になり、新しく入部してくるのは先輩ばかり。先に入部したのは私。もちろん先にやっていた分、私の方が技術力もある。だから次にレギュラーになれるのは自分だと勝手に思い込んでいた。レギュラーになるのが待ちどおしくて、試合のメンバーチェンジでも自分が呼ばれることを期待していたが、毎回呼ばれるのは、私よりも遅く入ってきた先輩。レギュラーに選ばれるのも先輩だった。私は次第にやる気を失っていった。そのうち辞めたいと思うようになった。「お腹が痛い」「具合が悪い」と、嘘丸見えの仮病を使って練習をさぼり、さぼらせてもらえない時にはずっと葛藤していた。友達を誘っても、「突き指するから」「忙しくなるから」などの理由で入部には至らず。結局引退まで私の代は私1人だった。この頃はバレーを辞めたい気持ちがピークでいつもママに泣きついていたが、そのうち5年生になり、メンバーは4人に。人数が足りず、合宿や練習試合では違うチームから助っ人を借りていたほどだったが、やっと自分がレギュラーになれたことが嬉しくて、もう一度やる気を取り戻すことができた。すると、年下のメンバーがたくさん入部してきた。

6年生になって私はキャプテンになり、下の子たちの面倒を見ながら練習をしていた。念願のレギュラーになることができ、キャプテンを務めることにもなったのに、緊張に弱く、勝負弱い性格がここに来て影響し始めた。なので、ここまで支えてきてもらった家族や親せきに、自分から試合の応援に呼ぶようなこともできなかった。来られるとお腹が痛くなったりして、「なんで勝手に来るの」と泣いていた。感謝をうまく伝えられず、自分勝手だった。

中学生になり、私はバレー部には絶対に入部しないと心に決めて、入学して仲良くなった琴未とソフトテニス部に入部しようとしていた。でも、入部届提出日の朝、ママは判子を押してくれなかった。結局バレー部に書き換えることに。私はイライラして泣きながら登校し、琴未は驚きながらもバレー部についてきてくれた。ここのバレー部は女子の部活の中でも厳しいと有名で、琴未はお姉ちゃんが元バレー部だったのでそんな部活と知っていながら、未経験者なのにも何一つ文句も言わずに一緒に入部してくれた。そしてもう一人、私がジュニアの頃に他のチームにいた亜由美が入部してきた。亜由美は運動神経抜群で私の憧れのような存在でもあった。

この部活は、それまで感じたことのない、そしてきっとこれから先もこれを超える出来事はないだろうと思うほどの厳しさだった。中学校3年間で何度バレー部を「退部したい」と感じたか、数え切れない。でも、未経験でこの厳しい環境に巻き込まれた琴未がいちばん辛かったはず。そして、キャプテンとしてみんなの責任も自分の責任として背負い、先生に立ち向かっていた亜由美の方が辛かったはず。それなのに、私は一人で逃げようとしていた。琴未と亜由美はそんな私を最後まで粘り強く引き留めてくれた。たくさん迷惑をかけていたのに、最後まで支えてくれた仲間たち。私はこの3年間の部活で今の自分の大半を形成したと言っても過言ではない。これからの人生何があるかわからないが、この部活をやり遂げたことが、私の心の支えとなっている。

高校に入って自らバレー部を選んだが、私は相変わらず勝負弱かった。1年生の頃からコートに入れてもらえてはいたものの、ミスをするのが怖くて思い切ったプレーができなかった。スポーツマンとして最悪な弱点だ。だが、部活のコーチだった白石先生は、私の弱気な性格を理解していながらも私に期待してくれた。先生は私に「肩も強いし、人一倍パワーもあるのにな~。あの力強いアタックがどの場面でも出せたら、春高でも通用するレベルなのにな~」と声をかけてくれた。私に自信を持たせるためにかけたものだとわかりながらも、その言葉はとてつもなく心強い一言だった。信頼していた白石先生が私の自信のないプレーを、そんな風に褒めてくれたことが本当に嬉しくて、「期待に応えられるように頑張ろう」と思った。でも白石先生は、だんだんと部活に顔を出すことが少なくなり、学校にすらあまり来なくなった。ときおり部活に来てくれた日に白石先生の顔を見ると、体調の悪さがうかがえたが、話しかけるといつもと同じようにして私たちに気を遣わせないようにしているのを感じた。

3年の文化祭の翌日、バレー部が呼び出された。集められた場所に向かうと3人の部員がすでに泣いていて、それを見た瞬間に理解した。顧問の先生から伝えられた、白石先生の死去。私にとって心の支えであった先生。物心がついてから身近な人が亡くなることが初めてで、心にぽっかり大きな穴が開くってこういう感覚なのかと言葉にならない感情と共に、瞬間的にどっと涙が流れ出した。練習の日も大会の日も、心強い言葉をかけてくれていた白石先生がいなくなったら、私はこれからどうしたらいいのだろう。

その後の引退試合の日。相手がマッチポイントで、「私のところにボールが来ませんように」と思っていた。その時、白石先生によく言われていた、「なんで自分に自信を持てない？　自分にもっと自信を持て。思いっきりだ」という言葉が心に響いた。この部活最後の試合、後悔で終えてはいけないと、私のところに上がってきたトスを思いっきり強気になって、アタックを打ちにいった。勝負に出た私のアタックは、相手コートの壁まで飛んでアウトになり、私たちのチームは負けてしまった。なんでこんな重大な時に。言い訳が浮かんで責任逃れをしようとしたけれど、そんな自分に嫌気がさす。いつまでたっても大事な瞬間に自分のところにボールを持って来いという気持ちになれなかった私に、天国から応援しに来てくれていた白石先生がくれたチャンスだったのだ。最後、私が越えなければいけない壁だったのに。白石先生の期待に応えてバレーボール人生を終えることができなかった私。もう絶対にバレーボールをやらない、本当に最後だと思った。

するど、応援に来てくれていた白石先生の奥さんがみんなの前で、「バレーボールを嫌いにならないでください」と言った。この言葉がグサッと刺さった。つくづく、情けない自分に馬鹿野郎と叫びたかった。嫌いになることは簡単、だけどそれでは一生変わることはできない。私は思わず、心の中で謝った。

小学2年生から11年間続けてきたバレーボール人生。貴重な経験と、数え切れないほどたくさんのものを得てきた。精神的な弱さはまだまだあるが、バレーボールを始めていちばん変わったことは、どんなに辛くても決めたことを最後までやり遂げるということだ。今は、辛いと思うことがまったくない。過去の失敗も含めて、今はバレーボールで得た経験が、自分の挑戦に自信を持たせてくれている。バレーボールに出合えてよかった。「ありがとう」。

こうして、人が本から多くのことを吸収している間に、私は本と遠いところにいた。どこから本との距離を作ってしまったのだろう。たしか、小学生の頃は図書室に行っていた。ズラーっとページに並ぶ活字がなぜか好きで、英字の辞書を意味もわからずよく見ていたように思う。でも、読書感想文の対象本に漫画や絵本が含まれなかったことで、どこか強制された読書が嫌になり、何のために本を読むのかわからないまま、本を手にしない習慣がついてしまったのかもしれない。もちろん、私のように本を読まない人にとっては強制しなければ読まないような気もするので、いい機会になる場合もあるのだろうが。

思えば私は、まったく小説を読んでいなかったわけではない。中学生の頃、児童文学のファンタジー小説『魔界屋リリー』（高山栄子著　金の星社）を面白いと思いながら読んでいた時期があった。でも、周りの友達が読んでいたのは自己啓発本やミステリー小説。この歳で児童文学を人前で読んでいたら恥ずかしいと、何の本を読もうと自由なのに、自分の勝手な思い込みで本への抵抗が生まれたような気がする。周りの目を気にすることがなければ、そして強制的な読書感想文の概念がなければ、私はきっと絵本を手に取っただろう。そしてそれを気にしていなければ、本を読んでいただろう。そもそもは、外面《そとづら》がよく、周りの目を気にしすぎてしまう私の性格と、「もっと違う本を読んだら？」という周りの反応が相まって、自分と相性がよくない難しい本を手にしては結局読まない、という習慣がついてしまったのだ。周りを気にせず、自分を貫き通せたらよかった。

初心を思い出すために、『魔界屋リリー』を買いに行こうかな。それに、最近ママが私に読んでほしい本があると2冊の本を買ってプレゼントしてくれた。『人生の勝算』『メモの魔力』（共に前田裕二著　幻冬舎）。これまたビジネス本で難しそうに思えるが、本との距離を縮められたらと思う。

本の原稿を書いたことで、本を読まなかった自分を深掘りすると、今までの自分が見つけ出せなかった、本への素直な気持ちに出合うことができてよかった。同時に、バレーボール一筋だったこれまでの自分のことが本になると思うと、どの人の人生もまた、本のようになっているのだと感じる。本はやっぱり誰にとっても身近な存在だし、どんな本を手にすることも、つまりどんな人生を手にすることも、自由なのだ。

私は人と同じは嫌だ。固定概念や偏見も嫌だ。自分らしく読みたい本を手に取り、強制という言葉や気持ちをなくして自然と本を手に取れるようにしたい。私と同じく本が苦手な人にお勧めしたくなる本に出合えるように、本と触れ合う時間をこれから少しでも作ろうと思う。

わたしの本

『魔界屋リリー』

高山栄子 著 （金の星社）

主人公の野山ゆりは小学4年生で「リリー」と呼ばれている女の子。魔界人を見ることができる「魔界能力」の持ち主で、ある日不思議なお店「魔界屋」を発見したことから、冒険に巻き込まれていく児童文学のシリーズもの。

　私が初めて面白いと感じた一冊で、授業中も机の下に隠して夢中で読んだ本。物語を読んでいることを実感できて、読んでいてワクワクするようなファンタジー小説だった。

　現実とはかけ離れた、絶対に起こらない世界観が描かれた本を読むことは、まるで現実逃避しているかのように感じて、想像力が膨らみ、本を読むのが楽しいと思えたことを今でも覚えている。

わたしの本

『ホームレス中学生』

田村裕 著 （ワニブックス）

お笑い芸人、麒麟の田村裕さんが書いた、幼少時代からの自叙伝。公園で生活していた経験を持つ田村さんは、その頃段ボールを食べたことがあるらしく、タイトルはそこからきている。流行に乗って購入したが、この本を読むと、当たり前というものは存在しない、いつ何が起こるかわからないのだと感じて、自分は幸せボケしていないかと考えた。

　苦労も喜びも幸せも、何に対してそれを感じるかはそれぞれで、存在している人の数だけ人生がある。なのでこの本を読んでから、「当たり前」という言葉を私の中から消した。本を読むことは少なくても、私の中で何かが変わり、影響をしっかり受けている。やっぱり本は必要なものなのだと改めて感じた。

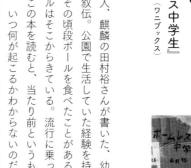

悩みや葛藤の先の優しさ

桑野恵美理

今まで本と関わってこなかった私が本に近づき始めた。私にとって本という存在が大きくなったのも、本を必要としたのも、20歳になってからのこと。

思い返してみると私の人生に「本」が登場してくることは少ない。小学校時代は友達が教室でシリーズ物の本を読むことにハマっていた時期があったけれど、私は休み時間になったら猛ダッシュで外に出てドッジボールやドロケイをしていた。一時期はずっと一輪車に乗って友達と遊んでいたのも懐かしい。活発で友達と何かをしているのが好きな子供時代。本なんて見向きもしなかった。

そんな小さい頃の私にも1冊、記憶に残っている絵本がある。それは『100万回生きたねこ』（佐野洋子著　講談社）だ。100万回も生まれ変わりを繰り返して、そのたびに違う飼い主と暮らしていたねこ。ねこが亡くなる度にみんな悲しくて涙を流したけれど、ねこはどの飼い主のことも好きにならなかった。ある日そのねこは誰のものでもない、のらねこになった。そして、白いねこに恋をする。両想いになって子供も育てるが、ある日、白いねこは静かに亡くなってしまう。ねこはその時初めて涙を流し、やがて動かなくなった。そしてもう生まれ変わることはなかった、というお話。これを読んだあの頃の私は、ただねこが何回も生き返り、いろんな飼い主が現れては消えてしまうということしかわからなかった。１００万回も死んでしまうねこがかわいそうで、最後に幸せになれたのに死んでしまうねこが悲しかった。

本と私の距離は遠かった。別に読みたくなかったわけじゃない、嫌いなわけでもない。その環境がなく、必要としていなかったのだ。なぜなら私は小学校時代、バレーボールのクラブチームに入っていたから。土日は必ず練習か試合があって一日中バレーボールに明け暮れ、家に帰ったら疲れて爆睡、そんな生活だった。とにかくバレーボールが大好きで大好きで、大好きだった。小学生ながらチームプレーの難しさを知り、キャプテンになった時は責任感を感じた。私がミスしたわけじゃないのに、なぜか私だけ監督にこれでもかってくらい毎回怒られた。本当に怖くて、大人が大嫌いになりそうになったのが懐かしい。悔しくて泣いて、怒られて泣いて、できなくて泣いて、嬉しくて泣いて、「泣き虫エミリ」なんて言われていたな。

中学でもバレーを続けた。ここが私が思う人生でいちばん辛かった時期になる。中学の部活の顧問は小学校の顧問を超える「鬼」顧問だった。未だに先生を超える人には出逢っていない。先生は、勝つことや上達よりも、「心」に対して熱く、厳しかった。どんなにうまくいかなくても負けていても、心は前向きでいなさい、できることがある、結果や成果を気にするのではなくて気持ちを大事にしなさいと教えられてきた。愛をともなった、でもものすごく厳しい人。そのため私は、何をするにも心に強いものを持つようになっていった。辛いこともあったけれど、こうやって私はバレーボールのスキルを、そして人としても成長させてもらった。最終的にキャプテンになった私が中学時代に身につけたこと、それはみんなのためにまず私が頑張る、みんなの声に耳を傾ける、みんなが前を向いていけるように誰か一人でも遅れないように、後ろから背中を押してあげる。そんな、人の心に寄り添ったリーダーシップ。私だからできる、そして、私がみんなのために望むことはこれなんだと思った。中学生ながらに自分と向き合った日々だった。

高校生になっても続けたバレーボール。この頃はバレーボール人生でいちばん楽しい時期だった。親友のナツに出逢ったのもこの部活。彼女のことは今も大切。厳しい中にも先生も部員も楽しみながらバレーができる環境は、本当に新鮮だった。もちろん上を目指すことは変わらない。むしろ良い結果を出せた。笑顔が絶えない環境、みんなが仲良しな部活、そこでまたキャプテンとエースをやる中で、新しい自分らしさを見つけた。それは〝笑顔〟。もともと笑顔でいることを常日頃から大切にしていたこともあり、この頃はみんなを引っ張っていきたいという気持ちよりも、また、自分のバレーのスキルを上げることよりも、チームの雰囲気づくりやみんなのモチベーションを上げるために、笑顔でいようと思った。どんな時も笑顔、誰よりも笑顔、そうやって笑顔を絶やさなかった。みんな私を見ると安心してくれるし、笑顔になってくれる。それは、幸せなことだった。そうやってみんなの力になれる自分に、自分らしさを感じた。

この通り、私の22年間の半分以上、大事なことはすべてバレーボールを通じて学んできた。わからないことは良い先輩を真似てみる。私にとっては、どんな本を読むよりも身になって勉強になったと思う。バレーボールの存在が私という人間を成長させてくれたのだ。

大学生になってからは部活がなくなり、どこか寂しい気持ちがした。でも、時間が自由に使えるし、アルバイトもたくさんできるから使うお金も増えるしで、高校までとは違った生活が始まった。少しずつ友達ができて、一緒に授業をとったり、学校帰りに遊んだり、サークルに入って知り合いの輪が上にも下にも広がって賑やかになったり、好きな人ができて恋愛したり、アルバイトを掛け持ちしてみたり。そんな普通の大学生活は楽しかった。

大学2年生の秋、私は「高原ゼミ」に入った。せっかく4年間もの時間があるのに普通で終わるのはもったいない、面白いことがしたいという気持ちがあって、「挑戦」の意味でこのゼミに入ることを選んだ。ゼミのみんなに初めて会った時は知らない人が多くて、こんなちっちゃい大学なのにどうして、と思っていた。でも、みんなパワフルで自分の色があって、似たり寄ったりじゃない。ワクワクするメンバーだった。きっと仲良くなれるんだろうな、いい刺激をもらえるんだろうなと、前向きな期待が高まっていた。

1期生として入ったこのゼミは、すべてが一からのスタートで目まぐるしい毎日だった。そんな中、プロジェクトが動き始めると、リーダーで頑張ってる子を見て私は自信がなくなった。自分にあんなことできるのだろうか、みんな自分らしさを出せていてグループワークでもアイデアがポンポン出てくるし、パワーポイントを作るのも表現することも上手。みんなと比べて自分がちっぽけに見えて、とにかく自分の力のなさに落ち込むことが多かった。

そうしているうちに私も自分が中心となってプロジェクトを進める時が来た。ゼミの広報プロジェクト。立候補した理由は写真を撮るのが好きだし、何か企画して提示するより日々のみんなを見て発信する方が私に合っていると思ったから。初めの頃は、何をすればいいかわからなかった。何をするかは自分で考えることなのだけれど、いつもそう、最初の一歩が踏み出せない。どちらかというと人について走ってきた私は、いつしか人任せになっていた。簡単なことなのにまずわからないと言ってしまう、新しいことを始める時に時間がかかる。今思うと最初の一歩なんて、ちょっとした勇気なのに。

先生にもゼミ長のコウキにも心配され、情けなく思いながらやっとスタートを切った。出だしは遅れたけど少しずつTwitterやFacebookの投稿頻度が増え、広報を通じて高原ゼミが日に日に学生に知られていき、広報が形になってきて嬉しかった。そうしていくうちに「言葉の表現」というものに興味が湧いてきて、言葉に、意味だったり想いだったりをもっとのせたいと思うようになっていった。どうやって表現したら相手にまっすぐ伝わるんだろう。言葉って簡単に口に出せるけれど、案外難しい。思っていることをちゃんと伝えられないと、相手はこちらの思いとは違った捉え方をしてしまう。私は、頑張っている人たちのことを伝えたい、知ってほしいと思った。高原ゼミのことを知って、変わりたい、楽しみながら挑戦したと思う人たちに出会いたいと思った。そして何より、優しくも厳しくも、愛で溢れていて面白いを挑戦し続ける「高原ゼミ」の魅力を発信したいと思った。

でも、初めの頃は感想文のような記事ばかり。記事を読んだ高校の友達からも、「大学生楽しんでるゼミだね」と言われた。そうじゃないのに。もっともっと深いところを伝えたいのに。伝え方が大切なんだと改めて感じる。けれど、私は伝えることが苦手。昔から、心に思っていることの半分は、いつも言えないまま私の中に残っていた。相手の気持ちを優先して、自然とそれに合わせて話す。本当に伝えたいことがまだあるのに、上手く言えなくてはっきりしない気持ちになる。大学2年生の秋はそんな葛藤の時間が長かった。でも、それでもいいなとも思った。

そんな自分を変えたくて助けを求めたのが、本だった。ずっと縁遠かった本と私とがまた繋がった。手にしたのは、『伝え方が9割』（佐々木圭一著　ダイヤモンド社）。この本はコピーライターが教える伝え方のコツが書かれていて、伝え方は言葉の内容よりも大事なんだと知り、言葉が持つ力の強さを痛感した。人の心を揺さぶる、動かすことができるのは言葉。でも伝え方によっては大きくも小さくも変えることができる。それから伝え方を工夫するようになった自分に、変化が起きた。コミュニケーションを常に相手目線で考えるようになったのだ。言葉の選び方によって相手はどう捉えるか、どう感じるか、どういう表現をしたら素直に受け入れてくれるか。自分の想いと同時に相手のことも想った伝え方を意識するようになった。それからは広報に対しても熱が入り、後輩の記事の添削もできるまでになって、言葉やその伝え方は面白いと、大切にしようと、そう思った。これまで思っていることが上手く言えなかったのは、伝え方が下手で自分目線でしかなかったからだとも気づいた。これが私と本の再会だった。

それ以来、〝言葉〟は大きな存在になった。人からもらう言葉には刺激をもらえるから、何気ない言葉も逃したくない。本からもらう言葉には助けられるから、忘れないように胸に刻みたい。自分から発する言葉は〝相手〟を想って伝えたい。

これをきっかけに、自分らしさに自分で気づけるようになり、自信がついた。そこからの私は言葉遣いを明るくして、後ろ向きな言葉を用いないようにした。だからなのか、ゼミにかかわることが楽しくてしょうがなかった。


そんな頃、私に運命的な出来事が起こる。「サリ」に出会ったことだ。今では彼女は私を語る上で必要不可欠な人。サリとの出会いはもちろん高原ゼミ。初めはいっつもニコニコで笑い声が大きくてすごいパワフルガールだなぁ、という印象だった。でも芯が強くて人から信頼される、素敵な子。サリと仲良くなったのは、縁あって2人でリーダーをすることになった白金プロジェクト。このプロジェクトは白金商店街で行われている母の日にちなんだ心温まるグルメイベントを、私たちがもっと素敵なイベントになるようサポート・企画していくもの。やりがいのあるプロジェクトだ。

まず2人で提案をまとめていくことから始まった。私はこの時からサリと私の実力の差を痛感していた。彼女はパワーポイントで資料を作るセンスがピカイチだし、オープンキャンパススタッフをやっていたからプレゼンも上手。一方の私はどちらもダメダメ。正直ものすごく悔しかったたし、対等に力になることができず、情けなさを感じることが多かった。けれど、サリはいつも気にかけてくれて助けてくれる、それにちゃんと応えたくて、自分なりに勉強した。いいデザインがあったら真似して作ってみたり、友達に聞いたり、言葉や伝え方なら強みでもあるし力を発揮できると思って、本も読み返した。これでもかってくらい話し合って、お互い譲れない考えは相手にぶつけて着実にカタチにしてきた。そんなこんなでプロジェクトは順調に進むことに。商店街の方々へのプレゼンも成功。後輩にも繋ぐことができ、キッズのブースも任せてもらえ、2年目は初めの頃には予想もしていなかったほどの大成功をみんなで収めることができた。

このプロジェクトをきっかけに、サリとは何でも打ち解け合える仲になっていた。楽しいことが大好きで、でも楽しいを自分たちだけのものにしたくない。人が喜ぶことをするのが好きだから、相手のことを考えすぎちゃう。笑顔で平和でいることを大切にしてるけれど、ものすごく負けず嫌い。決して同じではないけれど、どこか似ているところを感じるサリ。類は友を呼ぶとはこういうことだと、つくづく思った。

それからは何かあるたび、お互いに相談して支え合った。たとえば就活の時。上手くいかなくて悔しくて、でも絶対諦めたくなくて泣きたい時がたくさんあったけれど、サリの前では思いっきりその自分を出した。高校時代の友達グループとの関係が上手くいかなくて落ち込んだ時も、サリに助けられる場面が何度もあった。彼女は私にとってたくさん刺激をくれる良き相棒であり、良きライバル。彼女といると、できないことを「できる」に変えられるから、挑戦は何でも楽しい。何気ないことに「いつもありがとう」と言い合えるいい関係。そして、何の巡り合わせかわからないけど、お互い持っている夢の方向が一緒で、就職先が同じになった。今もこの先もサリには敵わないと思うくらい彼女は素敵な人だからこそ、一緒に切磋琢磨していきたい。

本に助けられ、本のおかげで自分を信じられるようになった私だけれど、時には心がはっきりしないこともある。そんな時に、また本からヒントをもらいたくなった。めったに行かない本屋さんに足を運び、読みたいものがあったわけではないので、店内で気になる本を探していると、目についたのが、『置かれた場所で咲きなさい』（渡辺和子著　幻冬舎）だ。ただただ、タイトルが気になった。私に言われているような気がしたのだ。「咲くということは、仕方がないと諦めるのではなく、笑顔で生き、周囲の人々も幸せにすることなのです。置かれたところこそが今のあなたの居場所なのです」と書かれていたその言葉に共感した。どんな境遇であれ、どんな時も笑顔でいることを自分に言い聞かせている私。たとえ望まない場所であったとしても、結局は気の持ちようで、笑顔でいれば自然とその場を好きになれるし、そこで自分がどうなりたいかが大切なのだ。この本に出逢ってそれを再確認した。本に近づくたび、自分という人間が大きくなっていく。

自分と向き合って本を書くこと。なぜだろう、初めは心がもやもやしていた。書けば書くほどわからなくなって、何度も書くことをやめた。だけどその時間があったからこそ、いくつかのことに気がついた。「自分を表現する」、つまり人に見てもらうことで、責任が生まれる。一つのものを残すってこんなにも苦しかったり、難しかったり、迷子になってしまうことなのだ。書けば書くほどこだわりが出て、書けば書くほど想いがあふれる。やっと気づいたけれど、表現するとは、長い時間をかけた悩みや葛藤があった先に生まれること。これまで私は、人がそうやって表現した作品を、真剣に見ることができていただろうか。いや、こうして本と向き合う前の私はできていなかった。作品に限らず、人の全力の気持ちに全力で返せていなかった自分に後悔が残る。だけどこれも、本を書いて、本という存在が教えてくれたこと。

この文章を書き終えた今、私の人生にはたくさんの人が関わっていて、たくさん助けられていると改めて思った。一緒に頑張れる人。どんな選択でも応援してくれる人。笑わせてくれる人。厳しくも本気でぶつかってくれる人。リスペクトし合える人。私を受け入れてくれる人。一緒に楽しいを共有してくれる人。悩んでいることに真剣に向き合ってくれる人。「あんたが辛いとあたしも辛い」と言ってくれる人。心から応援したい人たち。笑顔にしたい人たち。支えたい人たち。こんなにも愛したい人がいて、私は幸せだ。これからの人生の中で、たくさんの愛と真心をもって、関わる人たちを大切にしていきたい。どこにいても。近くにいられなくても。

〝自分と向き合って本を書く〟。この行為は、大切なことに気づかせてくれた。本という存在が自分の中で大きくなった。助けが欲しい時、答えが出せない時に、私は本を必要とするだろう。本は優しい。どこかに行ってしまうことなく、手を伸ばしたらそこにいてくれるのだから。

わたしの本

『Good Luck』 アレックス・ロビラ、フェルナンド・トリアス・デ・ベス 著 （ポプラ社）

今まで読んだなかでいちばんお気に入りの本。多くの人々が忘れてしまっている、シンプルだけどとっても大切なことに気づかせてくれる物語が描かれている。

ある2人の男の再会。一人は成功し、一人は人生に行き詰まっていた。成功した男は、もう一人の男に、自分を成功に導いた「寓話」を話して聞かせる。それは手にした者に幸運をもたらしてくれる魔法のクローバーを探す2人の騎士の7日間の物語。幸運を自らの手で作り出そうと追い求めるシドと、幸運が訪れるのを待っているノット。2人の人物が対照的に描かれる。

チャンスに備えて下ごしらえをしておくと、幸運は向こうからやってくる。私はこの2人の騎士のそれぞれの行動から、「幸運」を手にするためには努力を怠らないことが大切だと知った。「運と幸運」の違いや、「幸運」を手にするためにどう生きていくことが大切かに気づかせてくれる本だ。

初めて読んだのは小学生の頃で、当時は、面白いおとぎ話の本だった。少し大人になった今この本を読むと、まるで人生の教訓のように思える。今ではつまずいた時に繰り返し読んで、人生のバイブルにしている。

読む人の年齢によってメッセージが変わる、不思議な本。でも、必ず得るものがあるはず。

わたしの本

『100万回生きたねこ』

佐野洋子 著（講談社）

大人になった今読み返すと、小さい頃に読んだ時とは違う気持ちになったから驚いた。

「しぬのなんか、へいき」な、何度も何度も生まれ変わるねこが、ある白いねことの出会いで、死に対して初めて涙を流し、そして、自らも二度と生まれ変わらずに死んでいく物語。何かを生きがいにすることがなかったねこが、「愛する」ことで生きる意味を持った。私はそのことが嬉しかった。

ねこが最後生き返ることがなかったのは、生きる意味も死んでしまう意味も最後にわかったからだろうか。読めば読むほど深い。絵本の中でねこは100万回「死んだ」ことを自慢していたけれど、絵本の題名は100万回「生きた」ねこになっている。生きることの尊さを、ねこは知ったのだろうか。

誰かを愛せるというのは幸せなことだ。それが家族でも、恋人でも、友達でも。生きるってやり直しがきかない。このねこのように何回も人生を生きられればいいれど、そんなことはできない。愛を注いでくれる人に私も愛を返そう。

大切な人をちゃんと大切にしよう。そんな想いが生まれた今、自分の周りに、ものすごくハッピーがあふれていることを知った。

本当の自分との出会い

小森菜央

小学校に上がる前の頃、母に読んでもらった本でいちばん記憶に残っているのは、『エルマーのぼうけん』（ルース・スタイルス・ガネット著　福音館書店）です。

私には5つ下の妹がいます。妹が生まれるまでの3日間、毎日寝る前にこの本を読んでもらい、本について話した後に必ず「妹はほしくない！」「まだ生まれてこなくていい！」と駄々をこねていました。妹が生まれたら、お母さんを取られてしまう。こうやって本を読んでもらえることがなくなってしまう。そう考えていたからです。それほど母に本を読んでもらっている時間が幸せでした。3日目、『エルマーのぼうけん』を読み終わり、明日は何を読む？　次は図書館で何を借りようか。そんな話をしたあとに、やっぱり私は妹のことで駄々をこねていました。「お姉ちゃんになるんだから、菜央が妹にエルマーのぼうけんを読んであげるんだよ」と、母に言われると、「お姉ちゃんになんかなりたくない‼」と泣いて、母を困らせていたことを思い出します。

その日の深夜に母は産婦人科に運ばれ、妹が生まれました。いざ生まれてからの私は妹にデレデレだったし、今も生まれてきてくれてよかったと心から思っています。確かに本を読んでもらうことは減ってしまったけれど、今度は私が妹に読んであげるようになっていきました。

たくさん本を読む母だったので、その影響もあり小さい頃の私はよく本を読んでいたと思います。図書館で借りた本を寝る前に読むのが楽しみでした。小学1年生のときに祖父から誕生日プレゼントで『ハリー・ポッター』（J・K・ローリング著　静山社）シリーズを4冊もらい、あの分厚い本を1人で読み切るほどに、本を読むことが好きだったのです。また、日曜日に家族みんなで図書館に行ってからスーパーに行くのが習慣でもありました。小学生の頃まで、本を読むことで家族とかなりのコミュニケーションを取っていたことが思い返されます。

今はどうなんだろう。深く考えてこなかったけれど、本と家族との繋がりはかなり減ってしまいました。私が中学生になって部活を始めるとそれまで毎週行っていた図書館に行ける回数が減り、高校生になったらもっと忙しくなって休みの日がなくなり、図書館にはまったく行かなくなりました。大学生になったら休日は遊びかバイトになってしまい、課題のために大学の図書館に行くことはあっても、家族で図書館に行くことはありません。

私の家族は昔から、図書館だけでなく、アスレチックに行ったりデパートに行ったりと出かけることが多かったし、クリスマスパーティーや年越しゲーム大会などと、行事ごとに家族の関わりを大事にしてきました。でも、私が大学生になった今、家族で出かけることがなくなっています。私は今が楽しければいい性格。これまでずっと自分がしたいことをして、自分中心に生きてきました。もっと家族との繋がりを大事にすればよかった。実は私の両親は、私が大学2年の冬（これを書いている半年前）に離婚してしまい、後悔したところでもう一度家族みんなが揃って何かをする日は、きっと来ないのです。ドラマやドキュメンタリーなどで「離婚」のことを見ていても、私の家族には関係ない出来事だと思っていたぶん、悲しみはとても大きかった。家族関連のドラマを見たり話を聞いたりしたとき、一人で電車に乗っているとき、歩いているとき、ふと考えて泣いてしまいます（これを書いているゼミの時間でも、悲しくなってトイレに行ってこそっと泣いたのは秘密）。それほど、私にとっては大きな悲しい出来事でした。

私にとって家族とは、全員がそこにいて当たり前の存在でした。これからも4人揃って暮らし、就職した私が一人暮らしを始めて、次に就職した妹が一人暮らしをして……。自然とバラバラに暮らすことになるとしても「家族」は変わらずいると思っていました。でも、そうではなかった。この出来事をきっかけに、私は家族の存在の大きさを実感することになりました。

父とは考え方や笑いのツボなどに、共通項があります（ちなみに顔も父似・笑）。バイトが終わり夜遅く疲れて帰ってきて、テレビを見ながら父と笑っていた時間。私にとってそれは小さな幸せであったことに気づきました。母とは、ときどき意見が合わずすぐに言い合いするけれど、あっという間に仲直りしていて、仲がいいのか悪いのか……。でも、今まで本当に迷惑をかけてきたのに、いつも見捨てず、私のためにたくさん考えてくれて。母の存在の大きさをこれまで以上に感じるようになりました。妹とは、5つも離れているからか喧嘩もあんまりしない（私が一方的に怒っていることはあるけれど・笑）。2人でふざけて爆笑しているときはとても幸せで、私が心から笑っている時間だと思います。頼りない姉すぎるから、これからはもっと頼ってもらえるようになりたい。

親の離婚は、私の人生の中でもっとも悲しく辛い出来事ではありましたが、このことをきっかけに家族に対しての感謝の想いがこれまでにないほど深くなった。自分の行動を見直し、家族との繋がりの大切さに気づくことができた。だからマイナスなことだけではなかった、と考えたいです。これを読んでくださっている方も、家族との繋がりを大事にしてほしいなと思います。

最近は本をまったく読んでいません。いつから読んでいないのかというと、高校生になってから。理由は2つあります。1つ目は、中学生までは「読書タイム」があったため、読む時間を設定されていたから。2つ目は、高校生になってケータイ電話を持つようになり、空いている時間があってもケータイばかり触っていたからです。この頃はたまに本を読んでも、物語などではなく自己啓発本を読んでいました。「こうすれば人生が上手くいく！」「毎日が楽しくなる方法」など、読んでいて気持ちが前向きになれる本が純粋に好きでした。

思い起こせば小学生の頃。陸上部に入り、何の種目に取り組むかを決めるため、全種目を体験する日がありました。高跳びの体験の際には、ある高さから飛べなくなってしまい、1回失敗したトラウマから、そこから上の高さでなかなか飛べなくなってしまいました。そのとき、高跳びの先生に「怖い、失敗するって考えるからできないんだよ。成功する！　大丈夫！　飛べる！　って自分に言い聞かせて！」とアドバイスされました。そのときの私はその言葉をあまり信じておらず、友達と軽くふざけた感じで「大丈夫、大丈夫!!　飛べるよね！」と自分に言い聞かせてみました。そうすると、本当に気持ちが集中してきて、今なら何だか飛べる気がする!!　と思えるようになり、その調子のまま飛んだら綺麗に成功しました。今思うとただの偶然だったのかもしれませんが、自分に言い聞かせることで意識が変わることは確かです。ちなみに所属したのはマラソンでしたが、走りながら「前の人抜かすぞ！　あそこまであとちょっとだ！」と自分を励ましたり、頭の中で歌を歌ったりして、「辛い」と思わないように、自分に負けないように、走っていたように思います。本を読まずとも、すでにこのとき自己を啓発していたようなものですが、本を読んでもう一度その頃の自分の強さを思い出していたのかもしれません。

本にする文章を書くにあたって、「自分らしさ」について考えています。そもそも自分らしいとは何だろう。大学生になってから、自分の中で本当に葛藤がありました。いつからか、気づいたら個性がない自分に悩みを持っていたのです。私は性格上、初対面の人とすぐに普通に話すことはできますが、素の自分を出すと「そんなキャラだったんだ」と相手に引かれてしまうのではないかと思い、怖くてなかなか本当の自分を出せません。すごく面倒くさい人間だなと思います。大学ではクラス制ではなく科目ごとに教室が変わるし、サークルにも入っていない。グループワークで仲良くなっても顔見知りの友達が増えるだけです。そうすると、本当の自分って何だろう、個性って何だろうと、答えの出ない無限ループにはまってしまうような気持ちになるのです。

そんなときに母が私のためにと借りてきた本がありました。『何があっても自分の味方でいれば、あなたはこれまでで一番好きなひとに出会う』（藤沢あゆみ著　KADO

KAWA）という本です。この本は、恋愛面での自己啓発のようで実は、私が「自分自身」と向き合うきっかけをもたらしてくれました。

「自分を愛せていますか？」

その一文に、ハッとしました。たしかに私は自分の悪いところばかりにとらわれてしまい、自分をすぐに否定してしまっていた。私の存在価値ってあるのかな……と考えることもありました。深く思い詰めていたわけではないものの、自分が何もできなくて嫌になってしまい、純粋に自分に自信が持てませんでした。自分に自信がないから、相手に自分がどう映るのかを考えすぎて、誰かと接していても自分が自分でないような気がしていたのです。きっとその気持ちは相手にも伝わって、気を遣わせてしまっていたと思います。

「そもそも自分を愛せていなければ相手に自分の良さを伝えられないし、相手に愛を求めるだけ求めても、その相手がいなくなったときにぽっかりと穴が開いてしまい、自分の価値はちっぽけだったのかと悲しくなる」

その通りだと思いました。自分の良いところよりも悪いところに目を向けてしまうから、他の誰かと比べて自信をなくしていた。気になる人ができても、すぐに自分の欠点を考えて、この部分を直してもっと自分を磨いてから前に進めようと考えてしまい、なかなか前に進めないこともありました。この本に出合って、まずは自分を認めることで自分自身を愛せる一歩を踏み出せたと思うし、もとのポジティブな私に戻れた気がします。ありのままの自分を少しずつでも見せられるようになると、友達といるのが楽しくなったのです。また同じようなことで悩んだら、そのときはまたこの本に助けてもらおうと思います。

今、考えの幅が狭い自分のことを振り返ると、本を読んでこなかったことが大きいのだろうと思います。自分の考えを求められてもなかなか出てこなかったり、逆の発想が出てこなかったりと、悔しい思いもしました。今回、本がいかに自分に大きく影響していたかを知ることができたことは、本当にいい機会になりました。

わたしの本

『そのままでいい』 田口久人 著

（ディスカヴァー・トゥエンティワン）

著者自身が言葉に救われたように、言葉で人を励ましたいという想いから、インスタグラムに一日一篇、言葉や詩を投稿していたところ、作品への累計「いいね！」数は100万以上にも上り、その中から176の言葉を集めた本である。その中から特にわたしが救われた言葉を紹介したい。

「いつまでも続く幸せはない　いつまでも続く不幸もない　どんなに大切にしていても失うこともある　どんなに苦しくてもときが解決することもある　大切なのは今の自分が　どちらなのかを意識すること　いつの間にか失わないように　勝手にあきらめてしまわないように　幸せかどうかは自分で決める」

普段生活していて、しっかりと自分と向き合う時間はあるだろうか。少なくとも私はそうした時間を取っていない。自分がわからなくなった時期があるのは、今自分がどんな状況なのか、自分自身をわかってあげるための時間を確保しようとしていなかったからだったと気づいた。「いつの間にか失わないように　勝手にあきらめてしまわないように　幸せかどうかは自分で決める」。この文章を読んだとき、昔の私に言い聞かせたい、この本ともっと早く出合いたかったと思った。それほどに私の性格に当てはまり、考え方を変える一歩を踏み出させてくれた。何より、言葉に救われたと思う瞬間に出合わせてくれた。この本は、迷ったとき、悩んだとき、苦しいときに優しく包み込んでそっと背中を押してくれる。ありのままの自分を認めればそこからすべてが始まると、そう思わせてくれる一冊だ。

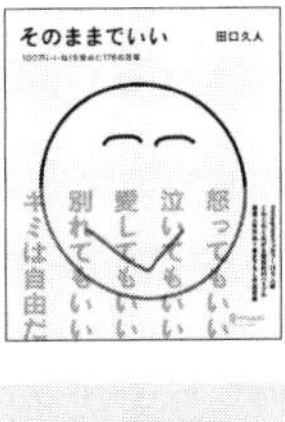

わたしの本

『何があっても自分の味方でいれば、あなたはこれまでで一番好きなひとに出会う』

藤沢あゆみ著（KADOKAWA）

本当に自分を大切にして自尊心を取り戻せば、自然に素晴らしい出会いがあるといった内容が書かれたこの本は、筆者である藤沢あゆみさんの10年にわたる恋愛カウンセリングを生かした渾身の恋愛論だ。自分が認めていない自分を他人は好きになってくれない。自分を大切にしたり、自分のいい所を知ったり、自分を好きになれる小さな行動を積み重ねていくことが大事。また、仕事をないがしろにすることは自分をないがしろにすること。責任あることを任せられているということは自分が信頼されているということであり、失敗しても自分の価値が下がるわけではなく、失敗をどう扱うかが自分の価値を決める、ということなど、恋愛だけでなく仕事や普段の生活のマイナスをプラスに変えてくれるような内容になっている。

他の誰かから愛をもらうことでは、愛は一生満たされない。自分で自分を愛すれば満たし続けることができる。自分を取り巻くすべてのことを大切にしている姿勢はその人の物腰となって現れ、自分を大切にすることで接する人のことも大切にできるなど、この本を読んでいて、涙がぽろぽろと流れることが何度もあった。冒頭の語りかけの部分から、私が悩んでいたことや考えていたことをずばり問いかけられて驚いたうえに、読んでいくうちにその答えがどんどん出されていき、読み終わった頃には心が晴れてスッキリした。辛くても情けなくても、自分の味方でいることをやめないでいようと思える本に出合うことができた。

本はなにかをくれるもの

相川はづき

　本を読むことってかっこいいことだ。そう思ってしまうのは、たぶん自分にとって本を読むことがあたりまえでなく、意識をしないと本を手に取らないから。今、私と同年代の人は必ずといっていいほどにスマートフォンを持っている。気づいたら手がスマホを探していて、画面を開けば、水色の背景に白い鳥のアイコンだとか、緑色に白いふきだしのアイコンだとか、黄色・ピンク・紫のグラデーションにカメラの絵のアイコンだとか、それらのアイコンの場所を手が覚えていて、ほぼ無意識にタップしている。たぶん、最後のアイコンなんか1日最低5回は開いてる。中を覗けば、友達が今なにを食べているか、どこにいるか、好きな服屋の新作、好きなアーティストのライブ情報、好きなモデルのメイク、好きな写真家が撮った写真でいっぱい。どこか旅行に行きたいと思ったら、思いついた国名を検索して、その国にどんな観光スポットがあるのか、すぐ知ることができる。自分の好きなもの、気になるものはなんでもここでチェックすればいい。私はＳＮＳ中毒ですと言ってもいいくらい、今の生活に欠かせないものになってしまった。

でもたまに、こんなものにずっと時間を費やしていてなんのためになる⁉ と、ハッとすることも。誰がどこに行っているか、なにをしているかなんて、本当は大したことじゃない。なんならSNS上のみんなって、なんであんなに楽しそうなんだろ？ なんでそんなに元気なの？ なんでそんなにがんばるの？ 私はこんなに家でただボーっとしてるだけなのに……とか、SNSを見ることで落ち込むこともあり、自分にとってマイナスになったりもする。せっかく同じ時間を過ごすなら、少しでももっと自分のためになる有意義な時間の使い方（暇のつぶし方）をしたい。SNSに（勝手に）疲れてしまったときは、なにか違うことに集中したい。

そんなときに、本を手に取る。みんながスマホに夢中な中、本読んでる私かっこいい！ みたいな気持ちも潜ませつつ。本を読むことは嫌いではなく、むしろ好きなほう。小中高での朝読書の時間も好きだった。読んでいるだけで違う世界に行くことができたり、知らない人の生活を覗いているような気分になったりもする。そんなつもりはなくても、結果的に新しい言葉、心に残る言葉、感情、いろんなことが得られる。

私には本を手に取る理由がある。私は〝もの〟が好きだ。ものとして手に取れるもの、それを集めることが好きだ。たとえばCD。4歳か5歳で、はじめてお母さんに買ってもらったCDは、当時大好きだった「おジャ魔女どれみ」のもの。駅ビルの中にあるCD屋さんに行ったこの日のことは、今でも記憶にあるくらい、自分の欲しかったものを手に入れた、という喜びが大きかったのだと思う。大好きなおんぷちゃんが歌ってる……！　家でいつでも何回でも聴くことができる！　今でも音楽は大好きだけれど、自分の中の音楽好きが目覚めたのはこのときかもしれない。それからというもの、今みたいにネットで簡単に聴けるなんてことはなかったから、欲しい音楽はCD屋さんに行って買うということを続けていた。これは絶対欲しい、というものを集めていく作業が始まる。自分の好きなものが自分の手元に集まっていく様が好きなのだ。そしてその趣向は、本にも向いた。

文庫本って、本当に絶妙な大きさ。あのサイズ感、持ち運ぶにもちょうどいいし、かわいい。紙をめくる感じとか、紙がたくさん重なっている感じがたまらない。ちょっとフェチも入っているけれど、高校生のときから本集めが始まった。本屋にたまに行っては、2冊くらい本を買って帰る。といっても、そのうち1冊は雑誌だったころもある。当時好きな作家だとかジャンルだとかは全然わからなかったから、そのとき話題になっていた映画のノベライズ本や表紙がかわいい本、気に入った名前の作者の本など、バラバラに買っていた。最初は自分の部屋の本棚が埋まっていく様子が楽しかった。でも、読んでいくうちにその中でも自分が好きだなと思う作家やジャンルを見つけていった。

中学、高校のときは湊かなえのサスペンスが好きだった。学校での約20分間の朝読書の時間で読むくらいだったけれど、この先どうなるかわからないハラハラする展開や、人間の、想像できないような心の動きが印象的で、非日常の世界に行くことができた。大学に入ってからは非日常より生活を感じる本が好きになった。サスペンスより、リアリティがあり自分とより主人公や登場人物を重ねやすい本。西加奈子、川上未映子、江國香織はことばの感じがすごく好きで、よく読む。この3人の作者の本は全部は読んだことはないけれど、一人の人間、どこかの家族の、生活を覗き見ているような感覚になる。また、感情の描き方が独特で、人間の暗い部分や汚い部分もしっかり当たり前のように描く。そこも私が好きで信頼できるなと思うポイント。違う人間の人生を垣間見て、なにか気づかされたり、自分と照らし合わせたりしながら、時には共感したり。その時間が好きだ。

〝もの〟の好きなところは、〝気〟が違うと感じるから。写真をスマホで撮って見返してもすぐ忘れてしまうかもしれない。やっぱり、ものとしてちゃんと残したいという思いがある。自分の幼少期の写真が敷き詰められたアルバムを見返すたびに、私って赤ちゃんのときこんなにボンレスハムみたいにパンパンだったんだ、とか、このちょんまげ頭がお気に入りだったのかな、とか、そのときの私の様子がわかる。と同時に、そのときの空気やにおいまで伝わってきたり、その場所やお母さんの若さから歴史を感じたり、私を見る目から家族の想いまでをも感じたり、やっぱり〝もの〟として手元にあることと、そこから伝わってくることって、いつでも必要だと感じる。

本もそうで、紙として残っていること、この一冊の本になるまでのたくさんの人の手間とか、愛情とか、そういうものを大切にしたい。もちろん、手元の電子機器一つでたくさんの本や雑誌が読めることはすごく便利だと思う。ネットで見るほうが楽だからと、それで本に触れる機会が増えるのならそれでいいとも思う。CDが好きといいながら、私も今はサブスクリプションサービスで音楽を聴くことが多い。やっぱりどうしたって便利だ。でも、本や雑誌に関しては、ものとして持っておきたいから、紙のものを買う。どちらにもいいところがあり、どちらのファンもいる。デジタルもアナログもうまく共存していったらいいけれど、でもやっぱり、いつまでも〝もの〟を大切にしたい。

大学に入ってからも変わらず本というものを集めることが好きで、新刊書店や古本屋に行っては、気になる本を選び、電車での移動中や寝る前など時間があるときに読んでいた。本が生活の一部、というほど読んでいるわけではないが、読んでいるときは日常を忘れて本の世界に入っていける。読み終わってからは内容を思い出して自分の生活を振り返ったり、いろんな人を思い返したりした。

私はこれから先、自分の好きなことを極める道に進みたいと考えている。両親をがっかりさせたかもしれない。親せきや進路指導の先生には、もったいない、もう一度考えてなどの声もかけられた。わかる。決意した今でも、毎晩お風呂場で顔を洗っているときにワクワクよりも不安とか焦りとか孤独とか、いろんな気持ちが混ざって、心がズンっとなるような何とも言えない気持ちになる。みんなと同じように3月までにスーツを準備して、髪の毛も黒くして、自分の長所だとか短所だとか自分はどういうことをしてきて、これからどういうことがしたいだとか、考えたりもした。面接では自分をよく見せるために、あることないこと言ったりもした。自分にとってどんな人生がいちばんしっくりくるのか、どんな自分になっていたいか。考えれば考えるほど自分の進みたい道がぶれ、わけがわからなくなるときもあった。でもそんな中で、好きなことに関わり、突き詰める道に進みたいと思う気持ちが私の中でどんどん強くなっていった。

これからは、写真を撮っていきたい。こう言葉にできるようになったのも、本当に最近のことだ。怖くて口に出すことができなかった。振り返ると4歳から14歳まで習っていたクラシックバレエ、高校時代にやっていたバンド、ギター、どれも表現するものだけれど、バレエは人から教えられ、ギターもコピーバンドだったから、元あるものを同じように表現するものばかりだった。でも、これからは自分で生み出す作業がしたい。私は、写真が好きだ。中学生くらいのときに自分用のデジカメを買ってもらって、それできれいな空や景色を撮ることが好きだった。高校生になって、写真投稿アプリのインスタグラムが流行った。そこでいいなと思う写真は、どれもフィルムカメラというもので撮っているらしいと気づいてから、自分でもそういうカメラを手に入れられないかと調べ、写ルンですに出合った。前からお母さんが使っているのを見たり、ケータイを持っていなかった小学校低学年のときに、「これで撮りなさい」と持たされたりした記憶があるから知ってはいたけれど、まさかこれが探していたフィルムカメラだとは。

それからはどこか旅行に行ったり、友達と遊んだりするときは持ち歩くようになった。スマホやデジカメのように撮った後すぐ確認できない。現像するには時間もかかるし、お金もかかる。それにせっかく現像してもほとんどの写真が真っ暗だったりする。でも、自分の思い通りに撮れていたり、またはまったく想像していなかったように撮ることができたりしたときは、とても嬉しかった。その面倒くささが、面倒くさがりの私でも我慢できるくらいにワクワクしたし、愛着につながった。それに、写真は言葉がいらないことも私の中で大切だ。私は自分のことを言葉で伝えることが他の人と比べてとても苦手。だから、これを書いている今も「ひぃ――――！」とか、「ぬあ――――」とか、わけのわからない言葉（奇声？）をときどき発せずにはいられない。それくらい自分のことを言葉にすることは恥ずかしい。あんまり知られたくない。でもちょっと知ってほしい。だから言葉のいらない写真は、私にとって大事なコミュニケーションのひとつ。私がいいなと思って自分のために撮った瞬間を、いいねと言ってもらったり、待ち受けにしてくれていたり。写真を見てくれた人たちのちょっとの言葉や行動は、今までにない高揚感があった。自分の表現したものを好きになってもらうことは、自分を認められたような気持ちにもなる。これまで自分のしたことが褒められたりしたことってなかなかなかったから、こっ恥ずかしいけれど、とても心強い経験になった。客観的に思い出を振り返ることもできるし、私はこういう景色が好きだとか、こういう表情が好きだとか、普段伝えられないことを写真を通して表現することができる。写真は私に特別なものをくれるのだ。

友達がこの学校を受けていたことがきっかけで、今通っている大学のことを知った。人数の少なさとかキャンパスの小ささから、大学なんだけど大学らしくない印象を抱いていた。当時、将来は音楽イベントをつくる仕事に就きたいと考えていたから、一から音楽ライブを制作できる「アーティストプロモーション」という授業があることがいちばんの魅力だった。無事入学したけれど、結果アーティストプロモーションの授業を取ることはできず、そこから約2年はしっくりこない大学生活だった。

とくになにをするでもない毎日が続いて、学校の人とも馴染めなかった。私このままでいいのかなと、狭い世界でもやもやしている感覚。でも、2年生も半分が過ぎたとき、大きく環境が変わる出来事があった。ゼミが変わったのだ。2年後期からのゼミを、自ら選ぶ期間があった。私はこのときまで高原先生のことを知らなかったけれど、どこからか、音楽が好きな先生がいるという噂を聞いた。会ってもいないけれど、もうこの人しかいないと感じていた。直接先生の研究室に会いに行った帰り、先生に「音楽たくさん聴こうね」と言われたことをすごく覚えている（今考えてもこんな先生、最高だな）。このゼミに入ったらすごく楽しそうだと感じた。

ゼミ生はみんな個性が爆発していて、騒がしいけれど、自分をしっかり持っている。このゼミはプロジェクトがたくさんあり、最低でも一人一つのプロジェクトリーダーを務める。みんなゼミ以外でもいろんな仕事がある中で、しっかり自分の仕事をやりきる。私はそんなみんなを尊敬しているし、自分を表現できることを羨ましく思っているもいる。いろんな人がいても今こうして仲間や家族のようになれたのは、お互いを理解し、思いやり、尊重し合えるようになったからだと思う。

それを象徴するような出来事があった。あるプロジェクト終了後の打ち上げ中、みんなを褒め合う会が自然と行われた。私はプロジェクトに参加しても、表立ってなにかするわけでもなく、なんの役にも立てていないと思っていたから、その褒め合う会で正直、なにを言われるのかドキドキしていた。でも、個性が強いこのゼミで、誰にでも合わせられる私はすごいと言ってくれた人がいた。私がずっと気にしていたことで、でも結局自分にはこれくらいしかできないと思っていたことを見てくれていたことがすごくうれしかったし、そのときから「自分」というものにもっと自信を持とう、大事にしていこうと思うことができた。今でも、私のいいところだけじゃなくてダメなところも教えてくれて叱ってくれる人がいることは、本当に大切でありがたいことだと思う。

さて、大学時代、面白い本との出会いがあった。『国境のない生き方　私をつくった本と旅』（ヤマザキマリ著　小学館）は、俳優・阿部寛が古代ローマ人を演じ話題になった映画『テルマエ・ロマエ』の原作者である漫画家のヤマザキマリさんが、自身の今までの人生を振り返る体験記。この本に出会ったのは、なんと自由が丘の中華料理屋さんである。

この本のプロジェクトを通して、出版社の吉満さんからのご紹介で江戸川区篠崎にある書店「読書のすすめ」の小川さんに出会った。小川さんは私たちのゼミの時間に書店のことや本のことをお話ししに学校まで来てくださったのだが、その後、近くにある中華料理屋さんにゼミ生何人かと高原先生と吉満さんと小川さんでご飯に行くことになった。食事が終わったころ、話の流れで自然と小川さんおすすめの本たちがテーブルに並び出した。小さな本屋さんがそこに出来上がったのだ。

こういう本の選び方は新鮮で、中華料理屋のテーブルに本がずらっと並んでいるなんて、不思議で笑っちゃうけれど楽しかった。みんなでわいわい言いながらそれぞれが持ち帰る本を選ぶ。本の紹介をしてくれる人が目の前にいて、そこに本が並んでいるだけで場所なんてどこでもいい。自分が本当に求めているものは、そのほうが見つかる気がした。といっても、小川さんの本に対する熱量をものすごく感じたことも大きかった。だって、紹介される本すべてがめちゃくちゃおもしろそうに感じるのだ。プロの書店員さんなのだからこんなこと言うのは失礼だけど、本に対して大きな愛を感じた。大切に本を読まれていて、本気でこの本を伝えたいという〝気〟がやはり違う。小川さんのような人の話を聞いたら、活字が苦手で本を読まない同年代の人も、興味をグッと引き付けられる。直接話を聞くって大事だ。そのとき手に取り、家に持ち帰ったのがこの本だった。

私にとって写真やゼミ生がなにかをくれるように、本もなにかを与えてくれる。読むだけで違う世界に行くことができ、新しい言葉や感情、感覚、考え方、そんな気はなくても、読み終えると、はっと一息つき、頭の中でぐるぐると自分のことを考える時間をくれたりする。

本を手に取るきっかけはなんだっていい。読む手段もなんだっていい。本や活字が苦手な人がいたっていい。でも、読んだらなにか、いいことあるかもしれないということだけ、伝えておきたい。

わたしの本

『空白を満たしなさい』 平野啓一郎 著 （講談社文庫）

人生の一部ってくらい大好きな、plentyというバンドがいた。今はもう解散してしまったけれど、ボーカルが書く歌詞がとても好きだった。人間の、心の中の嫌な部分とか、人との関わりについてとかをもがきながら表現していた。そのバンドのライブの日、入り待ちをしたときにこの本と出会った。メンバーのひとりがこの本を持ちながら歩いてきたのだ。背景がオレンジ色のゴッホの自画像が表紙に使われていて、とても印象に残り、どきどきしながら本屋に走った。本を一冊読み続けることがなかなかできず、新しい本に手を出してしまう私が、上下巻を一日とちょっとで読み終えた。主人公は結婚して子供もいて仕事も順調だが、自殺してしまう。この死の理由には、「分人」という言葉がカギになっていた。

「分ける」「人」と書いて「分人」。私はこの考え方にハッとした。人は、関わる人によって、自分自身を使い分けている、という考え方だ。自分の中にいろんな自分がいて、接する人に合った自分に無意識のうちに変えていく、この行動はとても自然なこと。これは著者独自の考え方だが、この考え方によって自分は少し気が楽になった気がした。私は人に合わせることが苦ではない。関わる人によって態度や話し方や接し方を変えてしまうし、だから、自分を出すタイミングを失って、自分を表現することを諦めてしまうこともある。でも、この本を読んで、それは人としてとても自然でおかしいことではないと学ぶことができた。

わたしの本

『国境のない生き方　私をつくった本と旅』

ヤマザキマリ著（小学館）

　私は、この本で書かれているような「さとり世代」の一人だ。傷つきたくないから自分の嫌いなことはしない、興味のない人には近づかない。家があって、親がいて、充分に生活できるお金があって、それに私は一人娘だからたぶん、人よりも甘やかされて育っている、それに優しくて信頼できる友達もいる。この安全圏で、このままでいい、と、ぬるま湯に浸かっているのだ。彼女に「楽しいの？　それで？」と言われて、ぬるま湯に浸かりきっている私はちょっとイラッとするとともに、恥ずかしくもなった。ついに、言われたくなかったことを言われてしまった気がした。彼女は14歳でヨーロッパ一人旅をし、画家になりたいという自分の夢のために、17歳で日本の学校を退学し、イタリアに留学する。もちろん楽なことばかりではないし、極貧に苦しんだこともあるという。でも、彼女はそれさえも自分で決めたことだからと、すべてを「いい経験だった」と捉えられる強さを持っている。傷つくことを恐れない。

　特に印象に残っている、「失敗」することについての話。「ガンガン失敗して、ガシガシカサブタを分厚くして、いつか、こういうことかと腑に落ちるまで自分のボキャブラリーを増やしていけばいい」と書かれてある。まさに、今私に足りない力だと感じた。自分の好きな道を行きたい。でも、うまくいく保証もない、不安しかない。そんな不安に駆られて動けずにいる自分に、「動きなさい！」いや、「動け！」と背中を押されている感覚になった。

本は親友

堀野修司

あなたにとっての本はどういう存在ですか？

ある人は趣味と答えるかもしれない。ある人はただの暇つぶしと答えるかもしれない。また、ある人は興味がないと答えるかもしれない。一人ひとりがそれぞれ違う本との出合いがあり、考え方があるでしょう。

私にとっての本を考えたときに真っ先に出てきた言葉は、「友達」。いや、友達だったと言うほうが正しいのかもしれない。

本と出合うのはおおよそ就学前あたりだろう。寝るときに親に絵本を読んでもらった経験がある人も少なくないと思う。とはいえ、その後もずっと本がそばにあったという人は今ではそう多くないかもしれない。私も本と距離を置いた一人だ。

今までの20年という短いようで長い人生の中で、私には辛かった時期が二つあった。いい経験になったと思えるものもあれば、思い出したくないようなこともあった。本と友達になったのは後者の時期の話である。

小学生のころの私は、休み時間には外に必ず遊びに行くほど活発な子どもだった。休み時間は毎回汗だくになって遊び、学校が終われば放課後に友達と遊びに行く、そんな子どもらしい生活を送っていた。だが、小学校4年生のとき。当時の私は習い事で空手を習っており、強いものが偉い、力こそ正義だと考えていたため、物事を暴力で解決できると思っていた。そうなると、友達とのささいな言い合いも暴力で解決した。結果、私から人は離れていき、私をよく思わないクラスの人たちがクラス全体で無視するよう促したり、遊びに入れてくれなくなったりと、私をいじめ始めた。自分がいじめられるとはつゆほども思っていなかったため、最初は気づかなかったのだが、1カ月が過ぎたころ、自分がいじめられているということを知った。自業自得だが、遊ぶ相手もいない、しゃべる相手もいない、どうやって時間を過ごせばいいのかわからなくなってくる。唯一できることといえば寝ることだけ。正確に言うならば寝ているふりをするのだ。チャイムが鳴ればむくっと起き上がっていた。

いじめが始まり2カ月経ったころ、私は今までとは違う新しい時間のつぶし方を考えるようになっていた。考えた結果、私はさまざまな教科の教科書を読むようになった。とくに国語の教科書をよく読んでいたことを覚えている。一通り目を通して読むものがなくなってしまった私は、図書室に行き本を借りるようになった。最初は

『ミッケ!』（ジーン・マルゾーロ著　小学館）など楽しい本を借りては時間をつぶし、そうしたゲーム要素のある本に飽きると、今度は動物図鑑や植物図鑑などを見たり、歴史の偉人についてわかりやすく描かれている漫画を見たりと、このころから本とたくさん触れ合うようになった。

そうした時間は日に日に長くなり、ついに自分でも本を買うようになった。初めて買った本は、簡単に読み終わらないように、ただひたすらに時間をつぶすために、700ページを超える『モリーテンプラーと蒼穹《そうきゅう》の飛行艦』（スティーヴン・ハント著　エンターブレイン）という小説。当時の自分に理解できない言葉や表現が使われていたものの、自分なりに解読して読むのが楽しかった。でも考えながら読むことはやっぱり大変で、その分、長い時間その本を楽しむことができた。月並みな感想ではあるが、本を読んでいるときは学校ではなく別のどこかにいる気分になれた。それは同時にいじめなどの嫌なことを忘れることもできた。

本と触れ合っていると自分の中で変化が起きた。読めない字をそのままにせず辞書で調べ、それでもわからないことがあれば先生や親にも聞くようになり、知識の吸収が楽しくなっていた。言葉の意味がわかるようになるとさらに想像が膨らみ楽しくなっていくのが小説である。わかることの楽しさというものを私はこのとき本から学んだのかもしれない。

いじめられてから半年以上経ったころに、クラス替えが行われた。そのクラス替えと同時にいじめの終わりが告げられた。新しいクラスになり、少しだけ友達ができ、話すことと遊ぶことの楽しさを知った私は、一方的に本に別れを告げてしまった。半年苦楽を共にしてきた相手に別れを告げたが、私の生活は本とだけ友達だったころよりも楽しく充実したものになっていた。いじめられていたころは、「本はなくてはならない存在」だったが、人との触れ合いがなかったために本に逃げていたのだと思う。人と触れ合う楽しさを思い出した私には、本はあってもなくても困らないものになった。「事実は小説より奇なり」という言葉があるが、小説で感じていた休み時間の風景より、現実でのその風景を、その感情を体験したいという欲求が私の本離れを加速させた。そのころから私は本を読まなくなり、昔のように外で遊ぶ活発な子どもに戻っていった。

中学生になった私は、学校の中でもとくに怖いと噂になっていたバレーボール部顧問の先生に勧誘されて、バレーボール部に所属することになった。これが私のもう一つの辛かった時期。

早朝練習ではグラウンド20周、距離にして４㎞を走らされ、放課後の練習では顧問の先生にしごかれ、練習が終わり家に着くころにはヘトヘト。ドアを開けてすぐ玄関で倒れ込むように寝たこともある。そんな毎日に疲弊していた私は、昼休みに外で遊ぶくらいなら放課後の部活に向けて体を休めておこうと考え、教室で本を読むようになった。『ハリー・ポッター』（J・K・ローリング著　静山社）シリーズにハマっていて、担任の先生が教室で学級図書の本棚を開放してくれていたので、そこから借りて読んでいた。今思えばこのような環境を作ってくださった先生には感謝しかない。『ハリー・ポッター』で私が得たものは想像力と語彙力。とくに想像力が磨かれたような気がする。どんな魔法なのか、今どんな状況なのか、そうしたことを想像しながら読むのは本当に面白かった。中学生になり、小学生のころより知識を得たことでさらに楽しく読めた。このころはさまざまな本を読んだ。小説だけではなく『ギネス世界記録』（クレイグ・グレンディ著　KADOKAWA）や『超訳　ニーチェの言葉』（白取春彦著　ディスカヴァー・トゥエンティワン）という哲学書までを読んでいた。ニーチェの言葉はとても難しく、当時は読んでいるだけで満足していたが、今再び読んでみると、ニーチェの哲学には、考えれば考えるほど人間はどういう存在なのかと考えさせられる言葉が多いと感じた。

このころから、親からもらったお金ではなく、自分で稼いだお金で本を買うようになった。おかげで好きな作者を見つけることができた。『図書館戦争』（角川文庫）や『フリーター、家を買う。』（幻冬舎文庫）などで有名な有川浩である。中学生の私にも読みやすく楽しめる本だった。今思えば、人生で一番本を読んでいたのはこのころだったと思う。知識や感性は本から、礼儀や根性を部活から学んでいたこの時期。私にとって中学生活はかけがえのないものであったと思う。

高校生になると再び本を読まなくなっていた。このころの私は、教室でもっぱら携帯電話をいじり、友達としゃべり、小テストの勉強をしていたりと、まさに高校生らしい過ごし方をしていたと思う。

だが、ある日の現代文の授業の中で、先生が本について触れた。

「本を読むということは自分の中の財産になる」

さまざまな大人と関わるようになっている今では耳にタコができるほど聞いてきた言葉だが、その当時の私にとって本とは友達であり、時間をつぶすものであり、現実逃避するものであったから、先生の言葉の意味がそのときはよくわからなかった。だが、小学校のころから読んできた本のおかげで、漢字や言葉の意味や、歴史など、ほかの生徒よりも少し早く理解できていた。自分のことを平均的で何も得意なものがない高校生だと思っていた私にとって、これだけはできるのだと、そう誇れるものに気づけた喜びは大きかった。このとき、今まで読んできた本に感謝し、また本を読もうと考えるようになった。

高校生活の中でいちばん心に残った本は『永遠の0』（百田尚樹著　講談社）である。当時の私は日本の歴史に深く関心を持っていた。そのころ、この作品が映画化された。私は2時間座ってじっと画面を見るのが性《しょう》に合わないので、原作を読むことにした。第二次世界大戦期、当時世界最強といわれていた航空機、零式艦上戦闘機（通称零戦）に乗っていた男の話である。歴史では学んでいたのだが、第二次世界大戦当時の人々の心情までは授業で考えたことがなかったので、フィクションだとしても心情が描写されているこの小説に私は心を痛め、また、人の温かさ、愛を感じ感動した。当時ほかにもさまざまな小説を読んだが、小説を読んでいて自然と涙が出たのはこの小説だけである。

小学校・中学校・高校と本と関わり続けていた私が大学生になり、完全に本から離れてしまった。

大学生の多くは本を読まなくなっている。とくに小説を読んでいる人はごく稀だと私は考えている。現に、私の大学では本を休み時間に読んでいる人をあまり見かけない。私も読まないうちの1人である。本は友達であったはずが、いつの間にか今の私にとって本は友達というよりも敵に近い存在になった。本を読む時間にもっとさまざまな人と関わって思い出をつくることができるのではないだろうか、本を読んでいるよりも、人と関わるほうが社会に出ていく上で必要な能力が身につくのではないだろうか。そんなことを考えていると、本と関わることを前向きに考えることができず、読書が億劫になってしまった。

そんな中、一度ビジネス書を読んでみることにした。ビジネス書ならばこれからも使える知識、スキルが身につくのではないだろうかと考えたのだ。しかし、まったく興味がわかなかったためか、最後まで読むことはなかった。自分のことは自分がよくわかっている。今まで読んできた本を考えてみると、少しでも自分が興味がある本ばかりを読んできたからである。大学生になって読む本と言えば、授業に関するもの、就活に関するものなど。私の好きな本は想像を膨らませてくれて、読んでいると異世界へ連れて行ってくれるような本なのだ。

とはいえ、高校の先生の言葉を思い出し、一度は読むことを諦めたビジネス書をもう一度手に取ってみた。以前と同じでただただ見ているだけだったが、ある程度読み続けていくにつれて、本の中でわからない言葉や、表現が多くなっていき、そのわからないことを知ろうと好奇心に近い感情を抱くようになった。そこからは、どんな本でも理解しようとする気持ちがあれば、自分のためになるのだと考えられるようになった。

活字離れをしている人は、いい本に出合っていないだけなのではないだろうか。本をあまり読まない人、本が苦手だと思っている人に、知識の吸収の楽しさ、想像することの面白さ、理解しようとする気持ちについて、伝えたいと改めて思った。

あなたにとって本とはどのような存在ですか？

私に多くのことを教え、近くにいてくれた本は、私にとって友達を超えた親友だ。本は敵ではない。本とは私たちに知識を教えてくれる先生であり友達であり、戦友なのだ。


最後に、私の人生に影響を与えた本を紹介したい。

私には憧れた人がいる。私が空手を習っていたころの先生である。この先生は空手界では知らない人はいないくらい有名な人で、極真会館から独立しご自分の道場を立ち上げられてからすぐ、私は先生の道場に入門した。入門する前から他の道場で空手を2年ほど習っていた私に、父から「すごい人が道場を立ち上げたから、勝ちたいならそこの道場に移れ」と言われ、しぶしぶ移ったのが、この先生と出会ったきっかけだ。当時の私はこの先生のことをまったく知らなかったため、先生のすごさを理解するまでに時間がかかった。

その先生の名は、数見肇。先生の自伝に『もののふの血』（ベースボールマガジン社）という本がある。本にはこのように書いてあった。数見先生はケンカに強くなりたいという動機と、父親が空手を修行していた影響で、小学校に進むとすぐ、父親になかば強制的に極真会館総本部道場へ入門させられる。しかし、父に無理やりやらされているという思いからか、小学校2年生で空手道場から遠ざかってしまった。その間、サッカーや相撲に熱中して過ごしていたのだが、13歳のときに自らの意思で再び総本部に入門。きっかけは家に置いてあった父親の『空手バカ一代』(影丸譲也著 講談社)という漫画の影響であった。私も数見先生と同じような境遇だったので、とても共感した。父親に幼稚園のころから兄と同じ空手道場に入門させられ、父が中学生になるまで辞めてはいけないと言うから、今すぐにでも辞めたいという私の気持ちとは裏腹に無理やり続けていた。そのような環境の中でも『空手バカ一代』を読んでいるときだけは、早く空手をしたい、自分もこのくらい強くなりたいと思っていた。

私は先生の本と出合う前に数見道場に入門し稽古をしていた。入門する前から空手を2年間習っていた私は、同学年の中では群を抜いて強かった。道場に入門してから1カ月くらい経ったころに行われた、道場の支部全員で行われる大会で白帯のまま優勝した。優勝候補の少年に白帯の私が勝ってしまったことは数見先生にも驚かれた。そのころから数見先生に直接指導を受けることが多くなった。同学年や学年が1つ2つ上の人にも相手がいなくなったので、夕方に行われる少年の部の稽古ではなく、大人が稽古する夜の一般稽古に、兄とともに出るようになった。大人も子ども相手には本気で殴らないだろうと思っていた私だが、容赦のない大人もいたのでその人の突きによって何度も泣きそうになり、毎回稽古で1つ以上、体に痣《あざ》を作っていた。一般稽古に出るようになると、同学年と戦うとき、まったく恐れないようになっていた。大人のほうが怖いからだ。

数見先生に稽古をつけてもらい始めてから少し経ち、本格的に稽古が始まった。といっても、稽古終わりに特別指導として体づくりをさせられた程度だが、それでも小学生がやるレベルのものではなかった。当時もそう思っていたが、今思い出しても同じことを思う。しかし、先生の自伝を読んだときに、この程度のことは先生にとっては普通のことであり、私が弱音を吐いている意味がわからなかったのだろうと容易に想像がついた。何度もきつく怒られ、そのたびに泣いていた。私には意思の強さがあまりなく、それから少しして居残り稽古をやめるようになる。

この本を空手を続けているときにしっかりと読んでいたら、そして、この意思の強さがもし自分にあったら、今も先生の指導のもと空手を続けていたのだろう。この本で先生の意思の強さを知れたことは、これから先の自分にも活きるものだと思う。今の私は居残り稽古から逃げたときの私ではない。自分が決めた道を突き進むことを決めたのだから。

わたしの本

『もののふの血』 数見肇 著

（ベースボールマガジン社）

数見先生は13歳から空手を本格的に始め、数々の大会で優勝し、記録を作り続けてきた人。今でも破られていない全日本選手権3連覇を含む計5度の優勝は伝説である。このような大記録を打ち立てた先生の今までの苦悩、空手に対する考え、生活について書いてあるのが、本書である。

発行は2003年、数見先生はこの年に極真空手の極真会館から独立し、日本空手道数見道場を興している。そうしたタイミングで自身の半生を振り返り、第2部ではそのテクニックも写真付きで解説されている。

先生の意思の強さは折り紙付きだ。右腕骨折、左足の靭帯が伸びている状態で決勝戦に臨み、骨折している右手で突きを出すなど勝ちたいという意思のすさまじい強さを、読みながら感じた。先生にも辛かったことはあると本には書いてあったが、それでも乗り越えた結果、偉大な記録を残している。

私は先生の意思の強さに憧れを抱き、尊敬の念を覚えた。男として意思も力も強くなりたい。尊敬する先生の書かれた、大切な一冊だ。

先生を見習って、これから先、自分の意思をしっかり持ち生きていきたい。この本は、自分の人生における考え方に影響を与えてくれた。

導かれるように出合う本

中村実穂

私がこの本で伝えたいことは、大きく分けてふたつある。ひとつは、消費されるように本が並べられている世の中に、問題提起をするということ。ふたつめは、この本を読んでくれた人が、少しでも明日が楽しみになってくれたら嬉しいなあということ。

大学生に対するイメージを尋ねた時、「よく本を読んでいる」と答える人は今、少ないと思う。たしかに、本が遠ざかっていても生きていける時代になったことも背景にあるので、しょうがないというところもあるだろう。実際、今の女子大生はインスタ映えのする写真を撮って投稿したり、ことあるごとに写真や動画をストーリーに載せたりするのが日課のようなもの。中学高校でスマートフォンを持ち始め、友達と一緒にいない時はLINEで会話する、インスタの「いいね！」の数が気になる、なんていう生活が当たり前になっている。便利になったのは事実だけれど、そんな風に顔の見えないコミュニケーションで一喜一憂しているなんて、精神衛生上よくないと私は思う。

私もSNSは使っているけれど、Twitterは本当にくだらないことが多すぎてアプリを消したし、SNSにあふれる情報は8割がどうでもいいと思っている。そうは思っているものの、無意識に開いているのがインスタ。手がアプリをタップする癖がついているみたいで、これは病気だなぁとしみじみ思って、1か月間インスタもFacebookもアプリを消した。そうするとSNSを見ていた時間を他のことに使える。今まで時間がないからと理由をつけて読んでいなかった本を読み、面倒くさがっていた家計簿をつけるようになった。たかがアプリを消しただけだけれど、私の生活は充実してきたし、逆に今まで私の時間の何%が奪われていたのか、考えただけでも怖くなる。

時間を有効に使いたい。とくにそう思った理由は、私が高原ゼミに所属しているからかもしれない。そもそも、私が通う産業能率大学はアクティブラーニングなるものを積極的に取り入れているので、実践的な授業が多い。高原ゼミでは、いくつかのプロジェクトがある。愛知県渥美半島にある農家の三竹さんが作っている「あまっ娘野菜」のマルシェを代官山で開催したり、石垣島を自由が丘の街でブランディングしたり。ゼミ以外でも、ライブを一から企画しアーティストのブッキングや当日の運営、収支の計算まですべて学生が行う授業も受講していた。一つのイベントを成功させられた時の達成感は何にも代えられない喜びがある。でも、成功させるのにはかなりの労力と時間がかかる。

私は好奇心旺盛なので、自分が興味のあるものに参加しているうちに、気づけば計5つのプロジェクトに参加していて、3つものプロジェクトリーダーをすることになっていた。

この本の出版プロジェクト（以下、出版PJT）のリーダーもそのひとつだ。基本的にアクティブに行動することが好きな私は苦しいと思うより、楽しいと思ってやる。その代わり、授業や、授業外でやることが増えるので、自分の時間管理が重要になってきた。実践的な授業や、高原ゼミでのプロジェクト。それらに関わることで実力が身についている実感や達成感がある。けれど、私は忙しい時に必ずといっていいほど、ぶち当たる壁がある。それは、心がぐちゃぐちゃになるということだ。忙しいという文字が「心を亡くす」と書くように、心が体からどんどん離れていくような気がする。その心と体の距離があると自分をコントロールできなくなり、心がとげとげして家族に八つ当たりしてしまうとか（ごめんね）、心と体の隙間にひゅっと風邪の菌が入ってきて熱が出る、なんていうこともあった。言霊《ことだま》的にも忙しいという言葉を使わないようにして、マインドセットができるようになりたい。

高原ゼミに入って半年が経ち、自分のキャパシティーも広がりつつ、まだ忙しさに対して精神面を鍛えている頃にこの出版PJTが始まった。高原ゼミでは、他のプロジェクトは自由参加型だけれど、この出版PJTだけは全員参加。これまで人生で本をたくさん読んできた人も、あまり触れてこなかった人も、本について考える機会に巡り合うことになった。

SNSが身近にあり、デジタル世代に育った、本と距離があると思われている私たちだからこそ、本に対して感じることがある。SNSに投稿するのは気軽に情報発信ができるという利点がある一方で、限られた文字数の中で発信する想いは上澄みしか汲み取ってもらえないことも多くあると思うし、時に誤解を生んでしまう。感覚的な話になってしまうが、脳が受ける刺激として、紙の上にある、本というリアルな媒体から受け取るものはいい意味で雑味がある。それこそが味わいであり、液晶画面上の情報との違いだと思う。この違いを心は正直に認知している。

私たちがこの本を出す意味はそういう「リアルにある雑味」、もっといえばネット書店などでワンクリックで出合い、すぐにチェーン店の古本屋に売ってしまうような本でなく、「オンリーワンなもの」に出合う「体験」の喜びを発信していくことなのだと思う。

100年後も残る文章をこの本に書きたい。SNS上の情報のように消費されて、一回見たら終わるようなものではなく。そのために私は飾り気のない、まっすぐな言葉を残したくて、まず心と体のバランスを整えることから始めた。20分くらい目を閉じて深呼吸をしてみたり、ぼーっとしてみたり、日々悶々と考えていることを、勇気を出して人に伝えてみた。たとえば、親友が切羽詰まっている時は、それまでその人自身が何かしらの結論に至るのを黙って見守っていたけれど、「最近どう？」とこちらから声をかけてみたり、周りの人に意識して「ありがとう」とたくさん言ってみたりもした。勇気を出したというよりは、いつもより素直になったというのが正しいかもしれない。意識しなくてもありがとうって、たくさん言える人になりたい。みんなの気持ちがあったかくなる。

　次は体を動かしてリフレッシュしようと、久しぶりにお母さんと立川の柴崎市民体育館でやっているアロマヨガ教室に行った。1年前に行った時にはなかった、「阿吽」をゆっくり唱えるというメニューが加えられていた。自分の声が楽器のように鳴り、おでこへ響く。呼吸を整え、アロマの香りを体の中に入れる。アロマにはそれぞれに効果があって、その日に焚《た》かれていたジャスミンは気持ちを和らげて恐れや不安を解消し、心にゆとりをもたらす効果があるそう。今の私にぴったりだ。いくつかのポーズをしながら深く深く呼吸をする。心と体がつながって、自分の軸を思い出した。

　こんなことの繰り返しで心を整えていく。いつもと違う視点を持つというよりも、いつもより丁寧に生きてみるというのがしっくりくる。こうして心と体と思考の距離が近づくと、本領が発揮できる。これを意識せずとも生活の中で行えるようになってくれば、とても心が豊かになり、自分にとって必要なものを判断するアンテナがどんどんと鋭くなっていくのだ。常にこうやってバランスがとれた状態を保ちたいし、ゆっくり自分と向き合う時間を持ちたい。これらのことがとても重要だとわかってはいるものの、実際はなかなか難しい。

本にしても、自分の人生にしても、ひとつのことに向き合うのは時間がかかるが、そのぶん、じんわり、じんわり、いろんなことがわかってくる。たぶん一生をかけて、自分がしっくりくる答えを探していくのだろう。未熟な答えをこの本に残してしまうかもしれないけれど、これは、およそ20年近く私なりに探してきた答え。

原稿を書くために机に向かってみると、懐かしいような、いつか感じたことのある感覚に陥った。あぁ、これは私が中学生から9年間続けていた吹奏楽のコンクール本番前、舞台裏で待っている時と同じ気持ちだ。本番では、今までの練習の成果を一度に出し切らなければならないので、緊張する。しかし、周りには毎日共に練習してきた仲間、戦友がいるため、緊張も和らぎ、だんだんと集中力が増す。今私は、ちょうどそのような感覚を持ちながら言葉を選び、少なからず、あの吹奏楽部の練習をしていた時のように、考えながら生きてきた20年近くを、あのコンクール本番を迎えるような気持ちで本にしているのだ。

私と本の関係を振り返ってみると、小学校3年生の時に、授業で本を3冊借りる時間から始まる。そこから本にハマっていった。シリーズ化されているものを読み始めたら猪突猛進で、全部読まずには気が済まなかった。読んでいたシリーズ物の本は、『かいけつゾロリ』（原ゆたか著　ポプラ社）、『若おかみは小学生！』（令丈ヒロ子著　講談社）、『怪談レストラン』（松谷みよこ責任編集　童心社）など。とくに印象に残っている本は『菜の子先生がやってきた！』（富安陽子著　福音館書店）。菜の子先生は、子どもたちがピンチな時に現れて、助けてくれるのかと思いきや、不思議なことを起こす人。空のプールを泳いだり、理科の実験では大草原や満天の星空が出てきたり。当時の私は、摩訶不思議なお話と世界観に引き込まれ、何回も読み返した。

初めて本を読んで涙を流したのは『窓ぎわのトットちゃん』（黒柳徹子著　講談社）。それまでファンタジーやキャラクターが出てくるようなお話しか読んだことなかったので、トットちゃんが実話であることも影響してか、かなり感情移入してしまった。青い鳥文庫から出ているその本の表紙は、特徴的な水彩画を描く、いわさきちひろさんの絵で飾られていたのを覚えている。私はお母さんの影響もあっていわさきちひろさんの絵が大好きだったので、この本がとてもお気に入りだった。ちひろさんの描く女の子はふんわりした優しい表情で、黒い眼の奥に吸い込まれそうで少し切なくなるようなところが好きだった。夏休みの自由研究では、いわさきちひろさんのタッチを真似して水彩画で紫陽花《あじさい》と女の子の絵を描いてみたりもした。

そこから本を読みたい欲はさらに増し、休日には町の図書館に通うようになった。初めは小説や絵本を読んでいたが、館内をぐるっと回ってみると図書館の漫画コーナーを発見。そこにあった『ドラえもん』や『ブラックジャック』、『花より男子』、『ONE PIECE』なども読破した。漫画も絵や効果音の迫力があって楽しいから大好きになった。対して小説のいいところは、文字そのものの力を感じ、頭の中で100人100通りの情景が思い浮かべられることだ。

たとえば、映画『ハリー・ポッター』が大ヒットしたのは、原作が漫画ではなくて小説だったからだと思う。小説では、誰もが夢見る魔法の世界が巧みな言葉で表現されていて、読者の想像を掻き立てる。そして、どんどん本と自分の世界に入り込んでいってしまう。小説からのファンである私の友人は、映画には主人公であるハリー・ポッターの内面的な感情の部分はあまり描かれていないので、小説の方が好きと話していた。

想像力を豊かにしてくれるし、自分が知らない世界を体験したような気分になれるので本が好きだったけれど、中学・高校の6年間は吹奏楽部に入部し練習に没頭していたため、ぱったり本を読む機会がなくなってしまった。吹奏楽ではホルンという、金管楽器でもっとも難しいとされている楽器を吹いていた。ひとつのことにハマりやすい私は、四六時中どうやったらホルンが上手く吹けるのか、部活のみんながどうしたらやる気をもって活動してくれるかを考えていたので、ホルンの教本やバンドジャーナルという吹奏楽の雑誌以外はまったく読まなくなった。毎日のように練習があり、帰り道も部活の子と裏打ちのリズムを刻みながら帰ったり、楽器や部活のことを熱く語り合ったりしていた。この6年間の吹奏楽生活は、本とは離れていたけれど、私の感性を研ぎ澄まし、自分の発する言葉の影響力というものを考えさせてくれるものになった。

高校1年生の時は楽器が上手な先輩が多かった。それでも夏のコンクール予選で都大会へは出場できなかった。私は来年は絶対に都大会に行ってやると思っていた。私の学年で革命を起こそうと心に決めた。

革命の第一歩は、自分の学年のみんなを集めて輪になって座り、今の部活についてどう思っているかを聞くことだった。硬い空気にならないようにみんなを笑わせながら、全員から中学の時と今の部活のギャップや、内に秘める想いを聞いた。みんながそれを把握しあえば、サポートしあえる。腹を割って話すのって、勇気がないとできないことだと思う。この時、時には涙しながら、素直にいろんな気持ちを話してくれたみんなに本当に感謝したい。顔を見ながらお互いの心の内を開示しあったことで、今までにない結束力が生まれた。私はそれが嬉しくてたまらなかった。このような機会をつくらずに練習に取り組むこともできたのかもしれないが、人は愛をもって本音でぶつかった方が仲良くなれることを、私は知っている。だから、勇気を出して、正直に話す場を切り出さずにはいられなかった。役職など関係なく、みんなの関係がよりフラットになったことで、今の私たちに足りないものを埋めていけるような練習をすることができた。部長、副部長、もう一人の学生指揮者と私の4人が中心となって、1年後のコンクールを見据え、ひたすら練習した。

そして迎えたコンクール。夏まで引退せずに残ってくれた先輩方がいてくれたこと、私たちの学年で練習を改革したことが相まって、初の都大会出場を果たすことができた。会場で都大会出場が発表された時、私は嬉しすぎて椅子から転げ落ちた。この経験は私の人生の中で、最高に嬉しい出来事の一つ。私の青春だ。

言葉選びや優しさ、思いやり、いろんなことのバランスを取るということを学んだ高校生活は私を大きく変えたと思う。

いっぽう、高校1年生の夏のこと。お母さんに再婚を視野に入れた交際相手が現れた。でも、その再婚相手が驚くほどにプライドが高く、ダサくて、私とお姉ちゃんには拒絶反応が出た。それまで私は男の人と付き合ったこともなく、男の人に対する免疫もなかったので、より一層衝撃だったのだと思う。小学2年生の夏に両親が離婚し、そこからお母さんと姉と猫のキキと女だけの生活が始まったので、男の人がいない生活が長かったし、とても楽だった（お母さんは女手一つで育てるのは苦しかったと思うが）。思春期の頃に同性の親に対して反抗する人もいるのだろうけれど、私はこれ以上苦労をかけたくないと思っていたので、そんなこともなかった。

結局この時お母さんは再婚しなかったけれど、これを機に、家族3人は変わっていった。お母さんに本当に幸せになってもらうために、姉と私でお母さんの過去を紐解きながら、何時間もの家族会議をした。婚活にしても、人生においてもまず自分とはどんな人間なのか知り、自分を愛するところから始めなければ、何をしたところで本当に幸せにはなれない。この家族会議は半年くらい続き、長い時には1日6時間ぶっ通しで、泣きながら話すこともあった。今でもそのことを思い出すと涙が出るくらい辛かった。けれどその時間があったからこそ、今の幸せがある。大切な家族なので幸せになってもらいたい。それだけを考えて、お母さんに心の鎧《よろい》を脱いでもらう作業をした。

お母さんの世代はとくに、古風な考えを持つ女性が多かったと思う。お母さんも生まれてから親にエゴを押し付けられてしまったようだ。そして、社会という世俗にもまれて、常識というものを刷り込まれていく。真心が傷つかないように鎧を着る。どんどん鎧は分厚くなる。もっと自分を好きでいいし、自由でいいはずなのに。人は生まれながらにして完璧なのに、どんどん鎧を着て殻にこもってしまう。そんなのもったいない。

「人は自分の鏡である」とよく言うように、お母さんの過去のトラウマから身を守ってきた鎧を剝《は》がしながら、私自身も自分に問いかけ、自分の鎧も剝がしていった。この家族会議を経て、私たち3人はそれぞれが今まで以上に人間として強くなった。

春が来て、私は大学生になった。最初は新しい環境を楽しむ余裕もなく、飲み込まれていくような感覚で半年ほどが過ぎた。ようやく大学生活に慣れてきた1年生の秋は、私にとって人生の転機となる大きな出会いがたくさんあった。

最初の転機は2015年の10月。私の誕生日に朝霧JAMというフェスに行ったことだ。人生初の音楽フェス&キャンプだったので、とてもワクワクした。姉と、Aladdin9という即興ジャムセッションのバンドメンバーと、その友達など計8人。私や姉を含めた6人で一足先に前日の深夜から荷物がぱんぱんでぎゅうぎゅうの車に乗りながら向かった。サプライズで誕生日ケーキを用意してくれていたり、ブルーハーツや森山直太朗の「夏の終わり」をみんなで歌ったり、本当に楽しかった。到着してからまずテントを設置し、そのあとライブステージへ。富士山と自然のパワーを感じながら音楽に揺られ、心が浄化されていくのを感じた。ここで初めてSuchmosのライブを見た。これが抜群に格好よくて鳥肌が立った。DJを見つめると、私の周りの音が止まり、反時計回りに時空が歪んだ。また、!!!(チック・チック・チック)のボーカルのチャーミングなダンスや、Räfvenの熱いライブも最高だった。アーティストとお客さんのどちらも涙を流すほど一体となって、愛のあふれる空間だった。この朝霧JAMの3日間が本当に楽しくて、小中高大と眠っていた感覚が一気に目覚め、体中の細胞がとても喜んでいるのを感じた。頭の真ん中から真っぷたつに体が割れて、光があふれ出ていた。そんな自分の開け具合が心地よく、幼稚園の頃の「マインド絶頂期」が戻ってきた。

私はそれまで、学校生活で知らない間に自分のことを押し殺していた。小学校からの義務教育ではテストの点数などで成績評価されるし、転校したこともあっていじめもあり、人間関係が窮屈だった。高校では部活の時間は楽しかったけれど、校則も厳しく、全体的におとなしい子や女子っぽい子が多くて正直つまらないし苦痛。制服のスカートが短くても、ピアスが開いていても吹奏楽コンクールA組で都大会も出場できるのだと言ってやりたい。そんな環境に自分を適応させようとしたこともあったけれど、無理があった。でも、朝霧ＪＡＭに一緒に行ってくれたメンバーやライブをしていたミュージシャン、富士山と自然が、私に「つまらないことは気にしなくていいよ〜、ありのままでいいんだよ〜」と言ってくれたような気がした。世の中への反骨精神を持ち、心の中で葛藤していた自分を許すことができた。大切なのは、心の声に耳を傾けてその声を信じて進む勇気を持つことだと思う。そしてその行動した先で出会う人々や、起きる出来事のタイミングを摑むかどうか。マインド絶頂期を取り戻した私は、ここから人生が変わった。

次の転機はすぐに訪れた。渋谷のFlamingoというカフェにNao KawamuraさんとSuchmosのKeyの泰平さんのライブを見に行った。Naoさんと泰平さんは姉の大学の先輩だ。そのイベントで出会ったアンジェラさんやユリさん、エイミー、みんちゃん、tdc、タクマくん、メイリンちゃんなど面白い人ばかりで、今も姉妹共々たくさんお世話になっている。中でも、ＤＪをしていた2つ年上のコムという男の子は、本や写真、服、音楽、アート、稲川淳二、妖怪など色々なものに詳しく、第一印象は「変人」。その日、突然始まったお絵かき大会で、彼は愛嬌のあるゴリラを描いていたことを覚えている。同世代とは思えないセンスと知識量で、とても興味深い存在だった。

本を読まなくなった私にとって、自分とは対照的に本をたくさん読んでいたコムは、賢く文化的に見えた。

そこで気づいたのが、私は本を読む人が好きだということ。単に売れている本を読んでいる人のことが好きなわけでなく、カルチャーを血に通わせた、面白い人が好きなのだと思う。それに、本を読んでいることが偉いというような感じでひけらかしてくるようなダサい奴はいるけれど、コムはそれでもなかった。本を読んでいる人は想像力が豊かで、普段の会話も私の想像をいつも超えてくる。コムは本を読んで知識を蓄えているだけでなく、インドに2週間滞在している中でガンジス川の水が口に入り40度の熱にうなされるなど、危険でちょっと笑えないような体験をしていることも面白い。本を読むと、自分が考えもしない草間彌生の思想や、体験することのできない100年前の時代の流れやカルチャーを覗くことができるし、想像したこともない世界へ連れて行ってくれる。そんな冒険（読書）をたくさんしている人は、面白くないわけがない。吹奏楽一筋だった私に、コムは知らないことをたくさん教えてくれた。

自分より年上の面白い人と関わるのはとても刺激になるけれど、それと同時に自分の無力さに漠然とした焦りを感じた。当時を振り返ると、私は自分探しをしていたのだと思う。当たり前のことかもしれないが19歳の私は自分のことがよくわからなかったし、自由な時間の多い大学生になると自分と向き合う時間も多くなるからこそ、さらに無力さを痛感した。お姉ちゃんにくっついて行動してばかりいた自分にも、嫌気がさしていた。そんな時、意を決してとった記念すべき一人行動第一弾は、東京都美術館へクロード・モネの絵を観に行ったことだった。入り口にあったモネの肖像画を見た瞬間、「ドキーン！」と自分に音が聞こえるくらい心臓が飛び跳ねた。それがどんな意味を持つサインだったのか、どう説明しようとも自分にしかわからないのだけれど。

モネを見てひとつ思い出したことがある。私は小さい頃から母に「あなたは絵を描くために生まれてきたのよ～」と言われてきたことだ。だからといって美術の専門学校へ進んだわけでもなく、何をしてきたわけでもない。私は覚えていないけれど、私が4歳くらいの時に、家族で映画『ジュラシック・パーク』を観たそうだ。人が恐竜に食べられ、血を流すというのが、当時の私は相当衝撃的だったようで、見終わった後に無言で黙々と、恐竜と、食べられて血を流す人間の絵を描いたらしい。また新しい紙に何度も何度も描いてから、ピタッと手を止めた。ショックな気持ちを自分の外に出し切ったらしい。どうやら当時の私にとって絵を描くことは、一種の癒しになっていたようだ。決して上手いわけではないが、母も私の絵に癒されてくれていた。モネの絵を観てドキッとしたのはそんな、私と絵を描くことの関係を思い出させてくれたのかもしれない。

しかし、後にも先にも、モネ以外の画家の絵を観ても、ここまでドキッとしたことはなかった。なんとなく前世と関わりがあるような気もして、私はモネについて知りたくなったので、久しぶりに自分で本を買った。『僕はモネ』（サラ・パップワース著 パイインターナショナル）という本だ。読んだことで前世の記憶がよみがえった！ なーんてことはなかったけれど、こういう、知りたい！ と思う気持ちが本を手に取ることにつながるのかもしれない。

今、食べ物や音楽など、さまざまなものが見直されてきていると思う。たとえば食べ物でいえばファストフードは速くて便利だけれど、身体のことを考えたスローフードが注目されたり、音楽でいえばストリーミングが主流になる中でレコードの人気が再燃したりと、時代に逆行している動向がある。Google や Amazon、Facebook、Apple などが世の中にどんどん便利なものを普及させ便利になる一方で、違和感を覚え始めている人も少なくないのではないか。

私たちは本を媒体として、時代に逆行していく。自分たちで書いた本を目の前の人と会話しながら手渡していく。そういったリアルなやり取りが、健康的な消費となり、これからのスタンダードになっていってほしい。ネットで買い物をして時短ができることも良いけれど、外に出て歩かないと出合えないものはたくさんある。たまには寄り道してみるくらいの楽しみや心の余裕があってもいいじゃないか。そういう寄り道が、日々のルーティーンから私たちを遠ざけて、人生を豊かにするのだ。

モネの展示を観に行ったあとに、姉から教えてもらった本があった。尊敬する大学の先生に教えてもらったそうで、『アルケミスト〜夢を旅した少年〜』（パウロ・コエーリョ著　角川文庫）という本だ。私は、この本を読んだ時の衝撃を忘れることができない。そして母の「あなたは絵を描くために生まれてきたのよ」という言葉。これこそ私の生まれてきた理由なのだ。それなのに、私は人から評価されるのが怖くて、苦しくて、絵を描かない人生へと進んで行った。そう気づいたら、自分も本の中の少年のように旅をして本当の夢を見つけなければという想いに駆られた。『アルケミスト』は私に、日々生活している中で忘れかけていた感覚を取り戻してくれた。この本を読んで、好きなように生きていかなければこの人生がもったいないし、死にきれないと思った。渋谷のカフェ Flamingo で出会った tdc とタクマくん、コムも『アルケミスト』を読んでいて、それを自分のバイブルのように思っていることや、感覚を共有できているのはとても嬉しかった。本がみんなをつないでいるような気がした。今も迷った時にはこの本を読み返す。前兆を読み取るアンテナを磨きながら、私は人生という長い夢の旅の途中にいる。

大学2年生になった今、Flamingoで出会ったコムとよく遊ぶようになり、たくさん本を貸してもらって、また小学生時代のように本を読むようになった。コムが貸してくれた『ブリーダ』『11分間』（いずれもパウロ・コエーリョ著　角川文庫）という作品の中にソウルメイトの話があった。男女という概念ではなく、魂の分身を探すということや、幸せとは何か、自分の感覚を信じることの大切さなどが書いてあった。また、コムと一緒に行った古書店で買った『無限の網』（草間彌生著　新潮文庫）には、草間彌生の性に対する考えが書いてあった。彼女はその思想を芸術へと昇華している。すべてに共感できたわけではないけれど、感銘を受ける部分が多くあった。

この3冊は、男の人が苦手だった私の、性に対する考え方を変えてくれた本だった。必要なことが、必要なタイミングでちゃんと入ってきたのだと思う。それは前兆ともいう。本が男性に対する恐怖の壁を乗り越えさせてくれた。ソウルメイトに出会う準備は整った。実はすでに出会っていたのだ。そのソウルメイトとは、そう、コムのこと。私は20歳にして、人生で初めてのボーイフレンドができた。

もともと本を読むことが好きで、本を読む人も好きな私は、小中高大と世俗に揉まれながらも、世俗に生きることに疑問を抱いていた。そうやって世の中を斜に見ている私がいたからこそ、タイミングよく本から答えをもらうことができたのかもしれない。世の中が息苦しいと感じていて、魂が喜ぶ方へと吸い寄せられていくこと。それを転機としてとらえ、その前兆を摑むことができたのも、それを教えてくれた本のおかげだ。流れ星に3回お願い事をすれば叶う、という言い伝えがあるように、それほどまでに自分が答えを欲すれば、自然と答えはやってくる。

ここまできて、ようやくわかったことがある。極論を言えば、ひとつのことを思い続けている人には、本が与えられるのかもしれないということだ。そして、本を通して先人の教えから学び、自分のアンテナの受信範囲を拡げて人生を豊かにしていくのだ。そのアンテナで自分の宇宙とつながれば、ちゃんと宇宙も協力してくれて、楽しく生きていけるようになる。

どんな出来事にも意味がある。自分が生まれてきたこと、今の環境に身を置いていること、今日が1日お休みであること……etc.。その意味を丁寧に理解しながら生きていると、きっと本を手に取る時が訪れる。自分の好きなように、自由に丁寧に楽しく生きていけば、必要なタイミングで本がやってくる。私はそう信じている。

わたしの本

『アルケミスト〜夢を旅した少年〜』

パウロ・コエーリョ 著（角川文庫）

本文でも紹介した、私の人生を変えた大切な本。そして、大切な人には必ずおすすめしている。迷った時はこれを読んでみてと。

　羊飼いの少年が旅をする物語で、羊の毛を売るために、草原から町に降りた少年が、ある老人に出会う。老人は、夢があるのにもかかわらず羊飼いとして生活している少年に対して「人は、人生の早い時期に自分の生まれてきた理由を知るのだよ」と言った。本当に夢を叶えたいと望めば宇宙は協力してくれる。一歩を踏み出すためのヒント——それは前兆ともいう——その差し伸べられた手を掴むかどうかが分かれ道となる。というのだ。

　『アルケミスト』は、パウロ・コエーリョ作品の中でも、とくに読みやすく、わかりやすいと思う。この羊飼いの少年は、すべてを捨てて、自分の夢に出てきた宝物を探す。そして旅をしながら人生に大切なことを学んでいく。

　人は社会に出ると地位や名誉、お金のことに気にとられてしまうため、自分の本当の夢を捨て、心の叫びを無視してしまう。何かを理由にして夢は叶わないものだと正当化してしまう。そんな悲しいことがあるだろうか。

　心に手をあててみて、夢に気づいているなら、あなたは今から変わらなければならない、と言われたような気がした。読み手によって、冒険が変わる、そんな話。

　前兆はいつでも目の前に現れている。それを前兆であると信じて掴む勇気をもらえる本だ。

わたしの本

『アミ　小さな宇宙人』
エンリケ・バリオス 著（徳間書店）

　子供しか読んではいけない本。だって大人はこんな話は嘘だと言って、信じることができないから。

　子供のように愛らしい宇宙人アミが、地球の少年ペドゥリートを自分の住む星「理想郷」へと案内してくれるお話。宇宙には、法律がある。それは、「愛」だ。アミが連れていってくれたその星は愛に包まれていて、挨拶は恋人でもないのにキス！　さらにお金というもの自体がなく、仕事をする必要もない。必要なものやことは機械がすべてやってくれるため、自分の本当に好きなことを好きなようにしていい。化学や工学文明の発展の末は、核爆弾で世界を制圧することではなく、ピース。地球のように牛や豚や鳥などの生き物を殺して食べるようなことはしない。彼らにだって愛を持って接するから。

　今の地球では考えられないことだらけだ。地球には戦争や貧困、差別、格差がまだまだ残っている。私は地球がこの理想郷になるまでにあと1000年はかかるのではないかと思う。もちろん私はそれまで生きていられない。世界規模のことを一気に私が変えることはできないが、私の意識は変えることができる。目の前の人を大切にしたり、食べ物に対する意識を変えたりする思想が、言葉となり、環境を変え、地球を変える。

　じわじわと変わっていくことが大切だと思うと同時に、自分の書くこの本に言葉を遺すことの意義を考えさせられた。どの本も、思想が本物であればあるほど人の心に響き、読者の環境を変えるかもしれない。

マーケティング・ハート

高原純一

僕は、京都にある私立大学を出て大阪の広告会社に就職した。もう30年以上も前のことだ。大学での専攻は工学部機械工学。まったく畑違いの分野への就職に、大学の教授陣も就職課も猛反対した。他の学生は4年の7月には僕を残して全員が内定をもらっていた。けれども広告含めてマスコミは当時最も内定が遅かった。僕の内定が出たのは4年の11月だった。

なぜ僕は畑違いの広告会社を選んだのか。自分が作ったもので世界が変えられるのでは？　とその当時本気で思っていた。そんな頃、人気コピーライター仲畑貴志のコピー「カゼは社会の迷惑です」を配した、小泉今日子がにっこり微笑む武田薬品のベンザエースのコマーシャルに、頭をコン！　と叩かれた。「なんだこれは?」「一行の言葉が社会を変える！」と本気で思えた。大学の時によく一緒に遊んでいたミュージシャンのどんとは「ローザルクセンブルグで世界を変えるよ」といつも言っていた。「よし、僕は広告で世界を変えよう！」、そう思い、「カゼは社会の迷惑です」をつくった広告会社に就職した。

入社して、さあこれから社会を変えるコマーシャルをつくるぞ、と意気揚々と春を迎えた僕はいきなり挫折を味わった。配属先は5局2部という営業局。コマーシャルどころか朝日新聞の大阪府内版広告のみを扱う新聞だけがお得意先の部署。もちろん制作ではないのでコピー等書かせてもらえるわけもない。入社、即どん底。しかし、これも社会だと当時の立場を自分なりに受け入れ、ここは企画型の営業を目指そうと気分を変えた。そんな矢先に二つの衝撃的なことに出食わした。入社間もなくの僕は当時ある大型プロジェクトで米国のディズニーワールドを企画建設したチームと1年間寝食を共にすることになった。本場米国の連中の考えは僕にはあまりにも新鮮で、大いに刺激を受けた。特に衝撃だったのが、彼らが朝から晩まで使う「マーケティング」という言葉だ。当時、日本の広告会社は広告を制作し、媒体を買うということが仕事のほとんどだった。マーケティング部はあったがイコール調査部というくらいの位置付けでしかなかった。ところが、米国の彼らは目の前に起こるすべてのコトがらを、マーケティング的視点で考える。イベント然り、PR然り、来場者の動線然り、そのすべてが一貫している。

さらに、並行してもう一つの事件が起こる。ある仕事で知り合った方から「高原さんにぜひこの本を読んでもらいたい」と一冊の本を渡された。白地にグリーンの装丁の品のいいカバーの本。それは『村田昭治のマーケティング・ハート　学ぶことのたのしさ』（プレジデント社）だった。村田先生は日本テレビ系列の人気番組11ＰＭのレギュラーでもあり、凛々しいお顔立ちの慶應の教授、着流しがお似合いの姿はまさにタレントなのではと思ってしまうほど、テレビの鞘に納まっていた。あ、あの村田先生の、と思いつつ手渡されたその本を、家に戻りその日の夜から読み始め、気がつけば約３００ページの本を一晩で一気に読み上げてしまっていた。そこに書かれていた内容はマーケティング。しかしそれはハウツーでもなく、教授だからといって学術的な物言いでもなく、ワクワクするほどおもしろかった。マーケティングのありとあらゆることが、まるで目の前に村田先生がお座りになられて僕に語りかけてこられるかのように書かれていた。マーケティングの発想は、考え方、生き方、ものの見方、感じ方など、自分を発見し、自分を創造していくためにあると説かれる。説くといってもまったく上から目線ではなく、読むこちらと同じ高さ。共感の鼓動が読むごとにバクバク鳴る。その夜、この一冊の本で僕の社会人人生は大きく変わった。僕がやりたいことはこの本に書かれていることだ。素直にそう思った。僕はいまやっていることを辞めようと思った。そして新たな進路を探し始めた。

この本と出合ってから、マーケティングをやりたい、マーケティングをやりたいといつも念仏のように言っていた。え？　D通やH堂行けばいいじゃん、とみなさんは思うかもしれないが、いやいや、日本の広告会社は当時、マーケティングのマの字もまったくやっていないのが現実だった。マーケティングではなくセリングが彼らの商売。本気でマーケティングをやっているところは広告のような売りのツールに頼ることなく、ユニークで本質的なことを考える。それからというもの、会社の枠を超えて意識的にいろいろな人に会うようになった。テレビでお顔を拝見する著名な方から、この人はオモシロイよと教えられた方等々、人づてや飛び込みで、会う軸はマーケティング。しかもそのマーケティングは村田先生の著書『マーケティング・ハート』に書かれていたマーケティングだ。人を豊かに、人を幸せにする考え方。それがマーケティング。その軸で、会うべき人に会って行った。

そして、そろそろ居場所を本気で変えようと思い、僕は青山にある外資系広告会社に転職した。おもしろい仕事、おもしろい会社。それがその会社のキャッチコピー。コピー通り、仕事も会社もおもしろく。そしてマーケティング・ハートさながらの毎日。外資系なので非常に厳しい反面、僕の心も豊かに、幸せになった。そしてクライアントや社会を豊かに、幸せにしていく毎日が始まった。そのきっかけは一冊の本だった。僕はマーケティングを生業としているので、仕事柄マーケティングの本は今までに１００冊以上読んでいる。近年あまりにも増えすぎているものがハウツー本だ。

これはいただけない。僕も仕事柄手当たり次第読んだが、ほとんどのハウツー本が、生きていない。理念や哲学でなく単なるツール本だ。これはまったく時間の無駄。マーケティングは売るためのツールじゃない。心を豊かにし、幸せにする考え方だ。一言で言うと、マーケティング道。武道のようなもの。僕自身まだ日々勉強している。マーケティングは米国で体系化され学問になった。しかし、その起源は日本の江戸。それはまさに民のために、商人がどうあるべきかを説いた〝商道〟とも言える。この終わりなき道に僕を誘ってくれた一冊の本に、今56歳という年齢になりあらためて感謝している。このオモシロイ道にハマらせてくれた一冊に。

東京タワー

僕が入った外資系の広告会社はとても居心地が良かった。理想的な空間そして時間だった。だけど本は読まなかった。いや読めなかった。

あまりに仕事が忙しい、というより時間のサイクルが速く、本を読む余裕がなかった。それに加えて僕にはもう一つ、本を読めない理由があった。妻が病気になった。乳癌だ。それも見つかったときはもうどうしようもない状態だった。当時、一人娘は保育園児。どうする？　どうしたらよい？　もう僕にはどうしようもない。

ある日、妻が入院している病院を後にしながらぽつぽつと歩いているとき、いきなり岡山の親父から電話があった。「お母さんが癌で今日入院した」。もうこれ以上ないダブルショック。一瞬で、「いま、世界でいちばん不幸な男だ、僕は」と思った。どうしよう、どうしよう。どうすることもできない。妻を見舞いに行っても、岡山に帰って母親を見舞いに行っても同じ姿。髪の毛はなくなり、頭はツルツル。管が通ってたり通ってなかったり。ああ、どうする？　そして、ある日いきなり、二人とも僕の目の前から一瞬でいなくなった。

クリスマス前。出なくてもいいのに、僕は気分を紛らわすために銀座に一人でブラブラと。街中に手をつないだカップルの姿。仲良さそうな親子の姿。もう嫌だ嫌だ。こんな世の中ドカンといってしまえ。そう思った。そんなときに誰かが、これ読んだら？　とすすめてくれた本がある。それが『東京タワー』（リリー・フランキー著　扶桑社）。泣いた泣いた。泣いてまた読んだ。読んだ読んだ、読んでまた泣いた。こんなに泣いた本は生まれて初めてだ。なぜ泣ける？　まったくわからない。だけど、泣ける。誰が、すすめてくれたんだろう？　今思い出そうとしてもわからない。だけど、ありがとう。そのひと。「おかん」。この言葉ほど好きになった言葉はない。この言葉ほど、リアリティを感じる言葉はない。リリーさんありがとう。まだ会ったことないけど、僕の恩人です。

この本を読んで、泣いて泣いて、僕は新しい世界へ行けたんだ。

数年後、僕は新しい伴侶に出会う。僕がいまあるのはその新しい伴侶のおかげ。そして不思議なことに彼女が、僕にこれ読んでと会って最初に貸してくれた本が『東京タワー』。だから僕の家には2冊の『東京タワー』がある。1冊は涙でぐにゃぐにゃになった『東京タワー』。もう1冊は、これからまた始まることを応援してくれる『東京タワー』。どちらも真実。どちらも泣ける。そして、僕は2冊目の『東京タワー』を読み終えて、11年勤めた外資系の広告会社を辞めようと思った。なぜ？　わからない。最初の会社を辞めるときは明確に理由があった。明日に向かう理由が。だけど2回目は、明確な理由より、「なんか辞めよう」が強かったように、今になって思う。もう、いいよね、こんな世の中。そう、あの頃広告もマーケティングも何かシステムというか……。いやそれは広告やマーケティングだけではなく、社会のすべてだったと思う。もういいよね。そろそろこんなのよそうよ。やめようよ。そんな感じだった。だけど社会とはつながっていたい。だからなのかわからないが、生まれて初めて会社を作った。なぜかひらがなが多い会社名にしようと思った。優しい言葉がほしかったのかもしれない。

そして、僕は会社を作った日に、2冊目の『東京タワー』を貸してくれた彼女と入籍した。会社も彼女も僕の新しい宝物だと思った。

徳島の漁師あらわる

自分の会社を立ち上げたある日曜日。朝日新聞を読んでいたとき、ある記事に目が留まった、いや釘付けになった。それは徳島の、あるハモ漁師の記事だった。池添さんという漁師のインタビューをベースにした記事。池添さん曰く、毎日4千隻の漁師の船が漁に出ている。これが実は防波堤になって日本を外敵から守る無言の圧力になっている。また漁師は文化を担っている。食文化を。海に囲まれた日本特有の食文化、それは魚食だと。それを守っているのは、当たり前だけど漁師だと。そのシンプルだけど強いメッセージのある物言いに、僕は彼に会いたくなった。あまりにその記事を一日中ながめているものだから、横でしびれを切らした家内が「会いに行ったら?」と。「どうやって会いに行くの?」と僕。「朝日新聞に電話すればいいじゃない!」と家内。「そうか!」と即朝日新聞に電話すると、なんと担当記者につないでくれて、担当記者が「わかりました。先方に聞いてみます」。トントン拍子にことが運び、翌日には朝日新聞から「会いましょうとのこと。つきましては、お電話番号お知らせします」と。そして池添さんに電話し、僕は家内も引き連れて徳島まで飛行機で、そこからJR単線で1時間程かけて、橘《たちばな》というとても小さな町へハモ漁師を訪ねていった。橘で一軒だけあるホテルの1階、池添さんの奥さんが営む居酒屋で、僕らははじめて落ち合った。

最初の印象は、どこから見ても堅気の人ではない。夜会ったらまず遠回りするし、昼間会っても絶対に目は合わせたくない。一言でコワい。だけどこういう人は、話すと優しい。お決まりのように。映画でもドラマでもそうだ。現実もそうだった。本気で今のこどもたちが魚を食べなくなっていることを嘆いている。親がコンビニメシばっかり与えるのを嘆いている。海産物の宝庫徳島でさえ、スーパーには他所《よそ》の養殖魚しか売っていないことを嘆いている。

「なんとかしたいんや。あんた、こんなとこまでワイに会いにくるなんて変わってる。だけどこうやってくるということは自信があるんやと思う。わしらのためになんかやってくれ」

コワい顔なんだけど目は可愛く、つぶらな瞳。その瞳が優しく燃えている。

それから僕は幾度となく徳島を訪れるようになる。美味すぎる徳島の魚をアテに池添さんと未来の魚食に関して対話を重ねた。そして、小さいながらも僕は世田谷で「さかなぴちぴち」という魚食を盛り上げる活動を始めた。膵臓がんがもとで既にお亡くなりになったが、日本の給食をつくった人のひとりで、世田谷の小学校で長年管理栄養士として活躍されていた関はるこ先生と一緒に、「さかなぴちぴち」は活動した。魚と言えばサザエさんの町、世田谷・桜新町しかないと思い、この土地で僕らは小さくも確実にそのネットワークを広げていった。あえてテレビには乗せず、あくまで口コミだけをメディアとしてミニマルに活動した。僕は日本の魚食普及活動の三本指の一つに「さかなぴちぴち」が入ると自負している。大波こそ作れはしなかったが、確実なさざ波をしっかりと作ることができた。関はるこ先生が鬼籍に入られたその日に「さかなぴちぴち」は活動を一旦休止した。このところ「そろそろ活動再開しなさい！」と天国の関先生からの声を不思議とよく聞く。と、同時にこのところ別の案件で徳島へ行く機会が増えたのも不思議だ。もしかすると、そろそろ再開の時期なのかもしれない。

さて、徳島へ行くときにいつもお伴にする本というか作家がいる。いしいしんじだ。僕はいしいしんじが大好きだ。どこかユルく、自分に似ているなと思うからかもしれない。クレイジーケンバンドも好きだし。東京で読んでももちろんいいのだが、徳島で読むと倍は良くなる。特に『三崎日和―いしいしんじのごはん日記―』（新潮文庫）は絶妙だ。徳島駅から橘まで田舎以外の何ものでもない単線を1時間電車にゆられながら読む『三崎日和』からは、なぜかいろんな匂いがしてくる。潮の香り。木の皮の香り。汗ばんだ香り。魚のプンとした香りなどなど。不思議な本だ。それに無性に魚を食べたくなる。美味い魚を。この本を読んで池添さんの奥さんの居酒屋へ行くのと、読まずに行くのとでは、こちらの魚への戦闘モードが随分変わる。いしいしんじという人は、ほんと不思議な人だと思う。音楽が大好きで、趣味が行き着いてSP盤が聞けるプレイヤーを手に入れて、毎夜息子とSP盤でビートルズやボブ・ディランを、どうやって手に入れたのかは知らないが、聞いているらしい。『三崎日和』の監修は僕の友人の佐藤おさむさんがやっているので、一度佐藤さんにお願いしていしいしんじさんに会わせてもらおう。一緒にSP盤のボブ・ディランを聞けるといいな。

ロックンロール

徳島に行くときだけでなく、仕事やその他で心ががちゃがちゃしたときに、読みたくなるのも、いしいしんじの本だ。大阪出身で、ボブ・ディランが大好きで、三浦半島になぜか数年住んでいて今京都に住んでいるいしいしんじが、僕は大好きだ。いしいしんじの本を読んでいるとよくクレイジーケンバンドの話が出てくる。もともと聞いていなかったのだが、あまりのいしいしんじのご贔屓ぶりに僕もクレイジーケンバンドを聞き始めた。最初はあまりピンと来なかったのだが、聞けば聞くほど好きになり、あまりにハマり、CDだとその音楽の良さが薄まりそうで、LP版ばかりを何枚も購入した。ケンさんは高校中退。だけどそんなのかんけいいねえ。歌詞、楽曲ともにスペシャルすぎて、クレバーで、ヒントがあって、大切なプレゼンのドキュメンテーションには欠かせないBGMと化している。リズム&ブルース、ゴスペル、カントリー、歌謡曲、ブーガルー、テクノ、香港歌謡……etc. がごった煮で展開されるのだが、つまるところロックンロール。前に前に転がっている。55歳過ぎて、ケンさんはどこへ転がるのだろう？　といつも思う。彼はプロの楽曲屋を目指し、行き着いたのが今の姿。アウトプットとインプットのバランスを最もリスナーに示してくれるミュージシャンの一人だ。極めてクレバーな詩と楽曲。されどあまりにも心地よく、聞くこちらを素敵な世界へ誘ってくれる。転がり続けるからこちらも心地よいのだろう。本屋も本ももっともっと前に転がっていくといいと思う。結局はロックンロールも本も本屋も、ファンが支えているのだから。

ピーター・バラカン

僕が会社を辞めて起業した日は、2009年9月1日。そのちょうど1カ月後に、僕の心をローリングする画期的なラジオ番組が、インターFMで始まった。ピーター・バラカンさんのバラカン・モーニングだ。ロックやジャズなどの音楽リスナーにとってこのうえなく画期的な番組だ。なんといってもオンエアの時間帯がしゃれている。平日の朝7時～10時の月金ベルト。平日の早朝から大好きな音楽、そして大好きなバラカンさんの声。これはもうたまりません。ローリング・ストーンズやリトル・フィート、往年のリズム&ブルースなどはあたりまえ。時には1曲20分にも及ぶグレイトフル・デッドの曲がかかったり（！）。名盤片面と言ってLPレコード版の片面をぶっとおしでかけたりと、もう朝から音楽に浸り、音楽に魅了され、音楽にチアアップされる毎日。朝起きるのがこんなにウレシイのかと思う毎日だった。

音楽は聴くと、もうそれだけで僕をハッピーにしてくれる。それだけで十分。だけど、それだけじゃない。音楽を通して、僕はジャマイカの惨状を知った。音楽を通してブラジルのカリオカの事実を知った。音楽を通して、南アフリカの真実を知った。マルコムXの存在、ルービン・カーターというボクサーの話、スティーブ・ビコという人……etc.。いろいろな人たち、いろいろなことを音楽を通して知った。そして、僕の気持ちや態度が変わった。音楽は本と同様に、僕という人間に大きな影響を与えた。使用前と使用後が自分でわかるほどに。音楽は人を変える。すなわちその集合体である世界を変える。ピーター・バラカンさんもそのことをラジオで常々僕らに伝えてくれる。

そして、彼はラジオだけでなく活字でも僕らに伝えてくれる。『**ロックの英詞を読む—世界を変える歌**』（ピーター・バラカン著　集英社インターナショナル）。ロック、ソウル、ブルースの英詞をバラカンさんが和訳し、その行間に込められたメッセージに迫った本だ。サム・クックの「ア・チェインジ・イズ・ゴナ・カム」に始まりアラン・トゥーサンの「イエス・ウイ・キャン・キャン」に終わる22曲の粒ぞろいの詞で構成されている。まえがきにバラカンさんが書いている言葉が、この本をストレートに語っている。

――ラジオなどで世の中で起きていることについて言いたいことを言うと、どうしても「公平性」の問題が出てくるので、ついつい自粛ムードに陥りがちです。でも、この形（ロックの歌詞を通して）であれば、自分よりはるかに表現力のある人たちの言葉をお借りして、言うべきことをはっきりと伝えられます。

ロックは音楽としては体を揺らす音、だけどその詞は心を揺らすメッセージだ。多くを周りで語らなくても、そのメッセージフレーズは軽快なビートに乗って世界中へと届いていく。本に取り上げられている22曲のうちで特に軽快なナンバーがウディ・ガスリーの「ドウ・レイ・ミー」だ。僕はこの曲は、中学生の頃にライ・クーダーのナンバーで聞き、大阪のフェスティバルホールで生でも聞いて、体を揺さぶった記憶がある。めっぽう明るくてご機嫌なナンバーだ。ただし、その歌詞は辛く厳しい移民の環境を描いたソーシャルソング。大人になって、歌詞に触れその音と歌詞とのギャップに驚いた。あらためてバラカンさんの本によりこの曲に対峙してみると、あまりにも今のトランプ政権のアメリカが実は昔と何も変わっていないんだということが浮き彫りにされる。誰もしたがらないことを移民にさせ、なのに不法労働者排除と汚名を着せる。トランプバッシングは衰えることがないが、実はアメリカそのものがトランプなんだとこの歌詞は伝えてくれる。そのメッセージは難解ではなく、心地よいリズムに乗って、とても平易な歌詞で、日本人でも普通の中学生英語で十分な、シンプルなメッセージを受け取ることができる。

実はロックはメディアだとあらためて理解できる。バラカンさんがあらためて僕らにそのことをわからせてくれる。同じ時代に英国人のバラカンさんとこの日本で時を過ごすことができることを、本当に嬉しく思う。

幸運にも敬愛するバラカンさんと、2年ほどお仕事をご一緒する機会に恵まれた。その仕事の最終日に『ロックの英詞を読む―世界を変える歌』に、バラカンさんのサインを頂いた。一生の宝物だ。バラカンさんの音楽への愛と知性と人柄と。それは人を幸せにし、力強くし、しなやかにさせてくれる。

ありがとう、ピーター・バラカンさん。

ラブ&ピース

自由が丘から歩いて行ける隣町に住んでもう15年近くになる。毎週末、自由が丘で家内と散歩する。今はほとんどこの街を毎日訪れている。一般的にはオシャレで女子が憧れる街という印象だが、もちろんその側面もあるものの、実は噛めば噛むほどオモシロク味のある街である。自転車を漕いでいるおばさん（失礼！）がとても多い街。建物が低く青空が広い街。昭和な匂いのする、お酒の美味しいお店が多い街……etc.。とにかくいろんな顔を持っている。その街とご近所さんのご縁か、いろいろな人と知り合い、気がつけば何やら仕事めいたことをさせていただき、最近はその街のご縁で、大学の教授までさせていただいている始末である。

大学は産業能率大学という大学で、自由が丘と伊勢原にキャンパスを持ち、自由が丘は経営学を教える単科キャンパスだ。僕の専門はマーケティング。先生は教えるのが本分だとは思うが、僕はあまり教えない。学生が教わる主体になると受け身になる。それよりは、自ら学ぶ。気づき、考え、体験する。それこそが学び。大学に僕のような教えない変わった先生が一人くらいいても怒られないだろう。そう思い、スタンスを変えず毎日取り組んでいる。じゃあ、何に取り組んでいるのか。それは、愛と平和。それに尽きる。人を愛すること、人から愛されること。野菜を愛すること。料理を愛すること。お父さんを愛すること。お母さんから愛されること。友達を愛すること。友達から愛されること。そして平和であること。とことん平和であること。ただそれだけ。それを伝えるためにいろいろなプロジェクトを行う。すべて学生がファシリテーションし、プロジェクト・マネジメントし、アイデアを開発し、社会に問いかける。ルールは「一人一人がリーダーシップを持つ」ことと、「隣の人を助ける」こと。それだけ。

今お読みいただいているこの本も、そのプロジェクトのひとつ、「本と出版のプロジェクト」のアウトプット。ここでのテーマは「22人で作家デビュー」。一人で作家デビューは荷が重いけど、22人だったらもしかしたらできるのでは？　それが出発点。そして書き始めた。本の今をとことん知った。本屋の現状や、おもしろすぎる本屋を体験した。僕らはこのプロジェクトを通して「本は単に売るのではなく、てわたすものだ」と結論づけた。「本＝てわたす」。進めるうちにコンセプトが昇華され、てわたす本の価値を議論し、本や本屋がどうあるべきなのかを立体的にイメージした。そうすると今の多くの本や本屋が薄っぺらく見えて来た。でも、もともとはそうではなかったはず、本も本屋も。どこからか「てわたす」が薄くなっていったのではないだろうか。それは本に限らずかもしれない。「売ればいい」「儲かればいい」。どこかいろんなモノとコトがそうなっているんじゃないだろうか。

僕は定期購読している雑誌が5冊ある。そのうちの1冊の本は僕のバイブル・マガジン。『暮しの手帖』（暮らしの手帖社）がそれだ。雑誌だけど1冊たりとも捨てることができない。雑に扱えない雑誌だ。花森安治さん。もうお亡くなりになられたけどこの雑誌の心臓だ。

いろいろな方が愛と平和を唱える。ミュージシャンには特に多いかもしれない。僕の大好きなジョン・レノンは代表者だろう。でも、愛と平和という言葉が僕の中で最もしっくりくる人。それが、花森安治さんだ。

ミュージシャンのように声高《こわだか》には唱えない。本の文章にも直接的には見られないだけど、すべての文章や写真、イラストの細かなもの、隅々に至るまでが、愛と平和に収斂《しゅうれん》される。

『暮しの手帖』はすでに編集長も何代も替わっているが、その真髄も目に見えるすべても、まったく変化がない。最も驚くべきは、未だに広告が一切ないことだ。広告主の意向を受けた媒体は「売ること」と「効率」が求められる。真実から遠い存在に結果的にならざるをえなくなる。しかし、広告を入れることで目先の金は入る。何を優先するかだ。『暮しの手帖』はまさに「てわたし」をその基本に置いていると思う。主婦が財布の中にある自分の自由にできるお金を、僕らは大切にする。その方へ、本を丁寧にてわたす。その想いは、すべてのページに明らかになる。

棺桶に入れたくなる本は何冊かある。だけどまさか雑誌を入れたくなるとは。暮しの手帖は、雑誌ではなく、手帖だ。まさに暮しの手帖だ。愛と平和の暮しの手帖だ。最後に1948年創刊号から今に至るまで一度も変更されていない、表紙をめくったページに掲載された言葉で僕のページを締めたいと思う。すべてはこの言葉に代表される。

これは　あなたの手帖です。
いろいろのことが　ここには書きつけてある
この中の　どれか　一つ二つは
すぐ今日　あなたの暮らしに役立ち
せめて　どれか　もう一つ二つは
すぐには役立たないように見えても
やがて　こころの底ふかく沈んで
いつか　あなたの暮らし方を変えてしまう
そんなふうな
これは　あなたの暮らしの手帖です

あとがき

21＋1人の「本」にまつわるストーリーが綴られた本書、あなたにはどう響いたのだろう。本が大好きな学生からまったく読まない学生まで、しかしそこには「本」というキーワードで語られる真実が紛れもなくある。そして明らかなのは「本」との出合いによって、彼らの中で大なり小なり何かが変わった、すなわち使用前使用後があったということだ。この時点で「本」は単にモノを超えてコト、すなわち大切な経験になっている。読むという〝体験価値〟を何らか皆が認識するしないにかかわらず受け取っているという事実がある。そのとき「本」は書き手から読み手へ書き手の意思が込められた何かが、「てわたされた」ことになるのではなかろうか。

今回学生たちに、「本」を書くにあたってひとりひとりの読み手に「てわたす」ということを意識してもらった。本プロジェクトのコンセプトを「てわたす」とした。それこそが「本」が持っているさまざまな事象の中でいちばん大切にするべきことではないだろうか。ＡＩが本を書き、ネットで何でも閲覧できる時代。金融資本主義の効率至上社会を否定する気はない。だからこそ大切にするべきものがある。

本書を書くにあたって、まずはじめに誰に読んでもらいたいかを想像した。やはりまずはいちばん「本」の身近にいる人たち。本屋さん、図書館、出版業界、学生、本愛好家。今、本が売れないと嘆いているそのヒントがもしかしたらここにあるかもしれない。

そしてさらに、本が苦手と決めつけている人にも読んでもらいたい。本がどうも好きじゃないとお困りの方への小さな光になるかもしれない。そんなお子さまをお持ちの親御さまのもとへも届けることができると、ありがたい。「どうしてうちの子は本を読まないの……」と口には出さなくても心の中で思っておられる親御さま。いいえ、お子さまもこれまでに少なくとも1冊は本を読んだことがあるはず。そして小さなことかもしれませんが、何かが変わったはず。この本を書き上げた21名の教え子達も最初は「本が嫌い」「本を読まない」「本を読みたくない」と異口同音の反応だった。しかし一人一人の自分の中にある「本と自分」に、ゆっくりゆっくり玉ねぎの薄皮を剝くように向き合い始めたとき、ポロポロと自分の人生と本との関わりが剝がれ落ちるように出てきた。たかが1冊の本。されど1冊の本。21＋1人の心の声のどれか一つでも、その解決策や気づきになれば幸いである。

「本」は「てわたす」もの。だからこそ「てわたす」意思と「てわたされる」意思が通うと、明日が少し明るくなる。

　僕自身が21名の学生の言葉に多くを学んだ。振り返ると、全員にとってはじめてのこと。とても労多きプロジェクトだったが、今にして思うとこれからの人生が大きく変わる時間を過ごすことができたのではないだろうか。そして、自分自身が読んで実感するが、きっと皆さまのお役にも立つことと信じる。

　終わりに、本書刊行についてセンジュ出版の吉満明子社長には多大なるお力添えを頂いた。吉満社長がいなければこの本が世に出ることはなかったであろう。ここに甚深の謝意を表させていただく。

解説「みえてくる一冊」　読書のすすめ

小川貴史

「小川さん、私と一緒に産業能率大学の学生さんに向けて、本の話をしていただけませんか？」

　2017年9月、1通のメールをセンジュ出版の吉満明子さんからいただきました。僕は、東京都江戸川区篠崎町にある「読書のすすめ」という書店で、屋号の通り、来てくださったお客さんに本をおすすめする仕事を、かれこれ10年以上続けてきたのですが、大学生に本のお話をさせていただくのは初めてで、自分にはまったく未知の世界でした。

　自由が丘にある、産業能率大学のキャンパス。当たり前なことですが、今風の若者がたくさんいる校舎の中を歩いていくと、「高原ゼミ」の皆さんの待つ教室がありました。中に入ると、いきなり驚きました。ゼミ生の皆さんの目がキラキラと輝いていたんです。見た目は今風でも、みんな素直でまっすぐな印象をストレートに感じながら、始まった授業に耳を傾けました。

この「本と出版のプロジェクト」のことをお聞きして驚きました。本を読んでいる方はもちろん、本をまったく読んでいない方も含めて、ゼミ生全員で「本」をテーマに原稿を書くという試みは、まさに画期的の一言。今も世の中には、何か突出して成功したり話題になったりした大学生の方が書いた本は数多く出版されています。でも、本が好きな大学生はもちろん、本が嫌いな大学生も書いている本は、日本中探してもこの本だけではないでしょうか？　そして、何よりも大事なのは、等身大の大学生が書いた、素直でまっすぐな文章であること。

想像してみてください。今、この本をお読みの皆さんが大学生だった時、あなたは本を書けましたか？　もしくは今大学生の皆さんは今、「本」を書けるでしょうか？　簡単でないことは容易にわかりますよね。ここに書いてくださった21人のゼミ生の皆さんは、きっと僕たちが想像する以上に、悩んだり、今まで生きてきた人生を掘り下げながら、時に笑い、時に泣いて、何度も書く手が止まったり、書き直したりして、一生懸命に書き上げてくれたはずです。そのことを想像すると、読んでいて涙が出てきました。

「手間をかけることが〝気〟になる」。これは、JR九州の会長で日本初の寝台列車「ななつ星」の生みの親である、唐池恒二氏の言葉で、「高原ゼミ」の皆さんへお話しした時にもご紹介させていただきました。「〝気〟に満ちたものが感動を生む」という唐池氏の考え方は、本にも同じように当てはまると強く感じたからです。そういう意味でこの本は、21名のゼミ生の皆さんと、尚原先生の思いや手間が十分にかかった、まさに〝気〟に満ち溢れて、心動かされる1冊になっていると、僕は感じました。

実は僕は、大学2年生になるまで本という存在が世界でいちばん嫌いでした。そんな僕でもこの本を読む中で、幼少期に親と一緒に読んだ絵本の記憶を思い出すことができました。はっきりと書名が思い出せなくても、幼いあの頃、たしかに笑顔で絵本を読んでいた。それは無意識だとしても、誰もが持っている記憶なんだと思います。そう考えると、本が嫌いな人含め誰もが「本と出合って」います。そんな本との大切な記憶を思い出させてくれるこの本。思い出せればきっとまた本を好きになる可能性が広がるので、本嫌いなお友達にも是非プレゼントしてみてほしいと、そう思います。

いっぽうで、すでに本が好きな方には初めて本を読んで感動した瞬間を思い出させてもらえます。書店員なのでよくわかりますが、様々な本を読んでいくと、年月が経つにつれて初めて本を読んで心が動いた瞬間のあの感動を、忘れてしまうこともあるんですね。「迷ったら原点へ」とよく言われます。この本の皆さんの文章を読みながら自らの読書体験に重ね合わせれば、本に感動した原点を思い出させてくれることにもなります。ですからこの本は、大学生の皆さんはもちろんですが、大学生のお子さんを持つお父さん、お母さん、かつて大学生だった大人の方、そして、もっと自分自身と向き合いたいという方にも、自信を持っておすすめしたいと思います。

この本の原稿を読ませていただいている時、偶然読んでいた批評家の若松英輔氏の本の中にこんな文章が書かれていました。

——「見る」という言葉は、今、目の前にあるものを「みる」ことです。しかし、「観る」という言葉は、単にものを「みる」のではなく、「みえてくる」ことを意味しています。だから「人生見」ではなく「人生観」というのです。読むことで私たちが取り戻していきたいのは、この「観る」ちからです（『本を読めなくなった人のための読書論』若松英輔著　亜紀書房刊）

きっとこの本の著者の皆さんは、書くことでご自分の人生が「みえてくる」体験をされたのだと、若松さんの文章を読んで感じました。そしてここまでお読みになった皆さんも、皆さんお一人お一人の「読書」について大切な〝何か〟が「みえて」きたのではないでしょうか。著者の皆さんのまっすぐな思いを受け取り、自分自身と素直に向き合う勇気や希望も「みえてくる」、僕自身はそんな体験をさせてもらえて、とても大切な本になりました。「読書」は「読む」と「書く」という字から成り立っています。この本を読まれた方は文字通り、ご自分の読書体験や人生についてぜひ「書いて」みてください。「書く」とは広い意味で「動く」ことも指すので、著者の皆さんのように人生に向き合う「行動」を起こせば、今までよりも広い世界が「みえて」くる。

そうすればあなたはきっと、23人目の著者です。

本書に登場する本・雑誌

高原純一　たかはらじゅんいち

産業能率大学経営学部教授。専門はマーケティング。国内の広告代理店を経て、マッキャンエリクソンにてブランド・マーケティング、CRMを実践。特に店販企業におけるCRMシステムをベースとするリレーションシップ・マーケティングにおいて、ネスレ「トゥギャザー・ネスレ」をはじめ、花王、マイクロソフト等多くの企業プロデュースを手掛ける。09年に独立、食のぐるり株式会社を設立。企業のマーケティング・コンサルティング、プロジェクト・ディレクションを基盤に講演、執筆を行う。趣味は音楽とマーケティングと食。

ぼくとわたしと本のこと

2019年12月20日　初版第1刷発行

著　者　高原純一

発行人　吉満明子
発行所　株式会社センジュ出版
〒120－0034　東京都足立区千住3－16
電話　03－6337－3926
FAX　03－6677－5649
http://senju-pub.com

編集協力　中村真純
校　正　槇一八
DTP　江尻智行
協　力　前みづえ　吉田和音
印　刷　シナノ書籍印刷株式会社
製　本　積信堂

 ISBN 978-4-908586-06-4

株式会社センジュ出版は「しずけさ」と「ユーモア」を大切にする、
まちのちいさな出版社です。